POLYGLOTT on tour

Gardasee

POLYGLOTT · SEIT 1902 · GUTE REISE · UND DIE WELT GEHÖRT MIR

Der Autor
Gunther Lettau
studierte Kunstgeschichte und Klassische Archäologie in Augsburg, Wien und Parma. Heute arbeitet er in der Erwachsenenbildung und als Studienreiseleiter mit Schwerpunkt Italien.

REISEPLANUNG

LAND & LEUTE

TOP-TOUREN AM GARDASEE

Punta san Vigilio am Ostufer, einer der schönsten Orte am Gardasee

Erst-klassig

Die Landzunge San Vigilio ist
ein beliebtes Ausflugsziel

REISE-PLANUNG

Die Reiseregion im Überblick

Reisende fühlen sich von den vielfältigen Naturreizen und dem milden Klima des Gardasees und seines Umlands seit jeher angezogen. Das **Nordufer** und der obere Teil des **Ostufers** bestechen durch ihre alpine Landschaft. Riva und Torbole sind Zentren des Wassersports, hier fühlen sich vor allem Surfer in ihrem Element, Badegäste finden schöne Strände. Bergsteiger zieht es eher nach Arco mit seinen hochaufragenden Kletterwänden; und auch der Wasserfall von Varone ist ein spektakuläres Naturereignis. Hinauf zum nahegelegenen Lago di Ledro lockt es Mountainbiker ebenso wie Erholungsuchende, aber auch kulturell Interessierte werden nicht enttäuscht.

Die Küche der Region kann die österreichische Prägung nicht leugnen. Folgt man der Küstenlinie des Ostufers weiter Richtung Süden, bemerkt man bald einen anderen kulturellen Einfluss. Ab Malcesine wirken die Orte italienischer, vor der Kulisse des Monte Baldo reihen sie sich bis Punta San Vigilio aneinander. Der Bergstock mit seiner einzigartigen Flora lädt Wanderer zum Naturgenuss mit traumhaften Panoramen ein. Diese hochalpine Landschaft ändert sich im südlichsten Abschnitt des Sees. Hier weitet er sich, sanfte Moränenhügel und alte Olivenbäume prägen das Bild. Man versteht, warum diese Seite des Lago di Garda auch Riviera degli Olivi, Olivenküste, genannt wird. Auch für ihre Weine ist die Gegend bekannt. Die Orte Garda, Bardolino und Lazise warten mit einer Vielzahl sehenswerter Kirchen und Kunstdenkmäler auf.

Das **Westufer** zeigt sich im nördlichen Teil schroffer als die andere Seite des Sees. Fast senkrecht steigen hier die Felswände auf. Eine Fahrt entlang der Uferstraße, der berühmten Gardesana Occidentale, mit ihrer abenteuerlichen Streckenführung und den zahlreichen Tunnels, die sich mit spektakulären Ausblicken auf den See abwechseln, ist ein Erlebnis. Limone, einst ein Zentrum des Zitronenanbaus, zieht mit seiner hübschen Lage viele Besucher an. Wer sich die Mühe macht, die Hochebenen von Tremosine und Tignale zu besuchen, findet eine wildromantische Landschaft vor dem Bergpanorama des Alto Garda Bresciano mit atemberaubenden Ansichten und eine wohltuende Ruhe. An der Uferstraße Richtung Süden liegen Gargnano und Toscolano-Maderno, beide Orte punkten mit guter touristischer Infrastruktur. Ab hier beginnt die Riviera Bresciana. Hier suchte im 19. Jh. die betuchte Gesellschaft Erholung: Salò und das vornehme Gardone Riviera künden noch heute mit ihren eleganten Hotels von dieser glanzvollen Zeit. Im sich anschließenden Hügelland der Valténesi findet man neben guten Bademöglichkeiten und zahlreichen Campingplätzen eine Region, die auch für ihren Weinanbau berühmt ist.

Das **Südufer** ist bevorzugtes Ziel italienischer Urlauber: Während der Saison sind hier die Strände meist sehr voll. Die Halbinsel Sirmione mit ihrem

Reizvoller Blick auf Torbole

malerischen Stadtbild und der imposanten Scaligerburg gehört zu den Touristenmagneten. Das nahe Desenzano del Garda, die größte Stadt am See, und Peschiera del Garda mit seiner hübschen Altstadt sind einen Besuch wert. Weitere Attraktionen bieten die größten Freizeitparks der Gardasee-Region, wie Gardaland und Caneva World. Für Geschichtsinteressierte ist ein Besuch im Hinterland ein Muss: In der sanften Hügellandschaft findet man mit Solferino und Custoza Orte, die eine zentrale Rolle bei der Entstehung des modernen Staates Italien spielten. Am Fluss Mincio gelegen, thront auf einem Hügel Valeggio sul Mincio, mit seiner schönen Altstadt, der imposanten Brücke und den besten Tortellini Italiens.

Westlich des Sees lädt **Brescia und sein Hinterland** zu einem Besuch ein. Obwohl das direkte Umland stark von Industrie geprägt ist, zeigt sich die Stadt selbst als ein wahres Schmuckstück, das von den großen Touristenströmen bislang verschont wird. Der Kulturfreund findet hier zahlreiche bedeutende historische Spuren, von der Römerzeit bis in die Spätrenaissance.

Der **Lago d'Iseo** lockt zu einem Abstecher in die lombardische Seenlandschaft. Besonders Weinkenner schätzen die Franciacorta mit ihrer Moränenlandschaft im Süden des Iseo-Sees. Hier liegen die schmucken Orte Iseo und Sarnico. Das westliche Ufer bietet eine urwüchsige Landschaft mit steilen Felswänden, das Ostufer eine breitere Uferzone und eine bessere touristische Infrastruktur. Aus der Mitte des Iseo-Sees ragt der Kegel des Monte Isola. Wer Ruhe und Erholung in unberührter Natur sucht, der wird den kleineren **Lago d'Idro,** nicht weit vom Gardasee entfernt, bevorzugen. Noch näher ist es zum fjordartigen Stausee **Lago di Valvestino** – beeindruckend durch die abenteuerliche, sehr kurvenreiche Straßenführung entlang des Nordufers und das Panorama, das sich dort bietet. Seit jeher gehört die Opernmetropole **Verona** zu den beliebtesten Zielen von Italienbesuchern, die man bequem vom Gardasee aus erreicht. Wer italienisches Flair sucht, der wird sich in der Stadt von Romeo und Julia wohlfühlen.

› Karte Umschlag

Extra-Touren

Tour 1 Mit Muße um den Gardasee in 7 Tagen

Tour-Übersicht:

Riva › Malcesine › Monte Baldo › Monte Luppia › Punta San Vigilio › Riva › Lago di Ledro › Arco › Riva › Tremosine › Tignale › Gargnano › Limone › Riva › Toscolano-Maderno › Gardone Riviera › Salò › Desenzano del Garda › Solferino › Valeggio sul Mincio › Custoza › Salò › Sirmione › Salò › Torri del Benaco › Garda › Madonna della Corona › Bardolino

Distanzen:

Riva › Malcesine › Monte Baldo › Monte Luppia › Punta S. Vigilio › Riva 90 km; **Riva › Lago di Ledro › Arco › Riva** 50 km; **Riva › Tremosine › Tignale › Gargnano › Limone › Riva** 60 km; **Riva › Toscolano-Maderno › Gardone › Salò** 50 km; **Salò › Desenzano › Solferino › Valeggio sul Mincio › Custoza › Salò** 120 km; **Salò › Sirmione › Salò** (per Boot, je 60–90 Min.); **Salò › Torri del Benaco** (Fähre) › **Garda › Madonna della Corona › Bardolino** 80 km

Verkehrsmittel:

Den größten Teil der Tour unternimmt man mit dem Auto. In allen Orten sind – meist gebührenpflichtige – Parkplätze ausgeschildert. Für die Fahrt von Salò nach Sirmione nimmt man zwischen 10 und 10.30 Uhr das Linienboot **› S. 20**, und fährt noch vor 18 Uhr mit dem Boot zurück nach Salò.

1. Tag: Das elegante ****Riva › S. 48** am Nordufer des Gardasees, in dessen mildem Klima man schon mediterranes Flair genießen kann, ist Ausgangspunkt für die ersten drei Tage dieser Tour. Zunächst geht es ins charmante ***Malcesine › S. 57**, um von hier mit der hochmodernen Seilbahn in etwa 15 Min. auf den ***Monte Baldo › S. 60** zu fahren: von dort hat man einen herrlichen Blick über den ganzen See. Mit der Seilbahn geht es wieder hinunter, mit dem Auto dann weiter Richtung Süden zum ****Monte Luppia › S. 63**, wo den Besucher prähistorische Felszeichnungen erwarten. Den Sonnenuntergang sollten Sie »am schönsten Ort der Welt«, der ***Punta San Vigilio › S. 64**, bewundern, bevor Sie zurück nach Riva fahren.

2. Tag: Am nächsten Tag fahren Sie in das Hinterland von Riva, zuerst zum reizvollen **Lago di Ledro › S. 54** und seinen faszinierenden Pfahlbauten, dann den Weg zurück und weiter in das Paradies der Freeclimber, nach ***Arco › S. 52**. Auf dem Weg dorthin sehen Sie sich das Naturschauspiel des ***Varo-**

ne-Wasserfalls › S. 52 an. In Arco lohnt der Aufstieg zur Burg, wo man mit einem herrlichen Panoramablick belohnt wird. Zurück in Riva können Unternehmungslustige noch auf den **Monte Brione** › S. 51 spazieren, der vom Stadtzentrum in rund 1 Std. bequem zu erreichen ist.

Am **3. Tag** geht es gleich morgens auf einer steilen, kurvenreichen Bergstraße zur Hochebene von ***Tremosine** › S. 76 hinauf, die sich fast senkrecht über dem Gardasee erhebt und Natur pur bietet. Über Vesio führt der Weg weiter ins Valle San Michele mit seiner hochalpinen Landschaft und dann hinüber zur **Hochebene von Tignale** › S. 79 mit der Wallfahrtskirche ****Madonna di Monte Castello.** Am Nachmittag bleibt Zeit für einen Bummel durch ***Gargnano** › S. 77. Auf der Rückfahrt nach Riva können Sie noch bei der Cooperative der Olivenbauern in **Limone** › S. 75 vorbeischauen, wo Sie alles Wissenswerte über Olivenöl erfahren und natürlich auch einkaufen können.

4. Tag: Am nächsten Morgen nehmen Sie Abschied von Riva und fahren wieder das Westufer hinunter nach **Toscolano-Maderno** › S. 80. Von hier führt ein schöner Spaziergang ins Valle delle Cartiere, das Papiermachertal. Im nahen ***Gardone Riviera** › S. 82 spüren Sie dem Glanz des einstigen High-Society-Ortes nach, und im eleganten ****Salò** › S. 85 quartieren Sie sich für die nächsten drei Nächte ein. Bei einem Abendessen an der Hafenpromenade lassen Sie den Tag ausklingen.

5. Tag: Über die bequeme Staatsstraße geht es anderntags von Salò nach ***Desenzano del Garda** › S. 96 mit seiner römischen Villa und von dort nach ***Solferino** › S. 103, Schauplatz blutiger Schlachten in Italiens Befreiungskriegen. Auf der *Piazza Castello hat man einen großartigen Rundblick. Das nahe ****Valeggio sul Mincio** › S. 104 mit der berühmten ****Visconti-Brücke** und dem englischen ****Landschaftspark Sigurtà** › S. 105 ist das nächste Ziel. Einkehrmöglichkeiten finden sich zahlreich direkt am Fluss Mincio. Über ***Custoza** › S. 106 geht es entlang des Mincio zum See und nach Salò zurück.

Am **6. Tag** bleibt das Auto stehen. Mit gepackten Badesachen besteigen Sie am Vormittag in Salò das Linienboot, das Sie in ca. 90 Min., vorbei an der ***Punta San Vigilio** › S. 64 und über ***Garda** › S. 65 auf die andere Seeseite, in das malerisch auf einer Halbinsel gelegene ****Sirmione** › S. 93 bringt. Hier gehen Sie auf Entdeckungstour, kehren ein in eines der vielen hübschen Restaurants oder Eiscafés im Zentrum, um dann am Nachmittag an den berühmten Kalkterrassen von Sirmione ein Bad im See zu nehmen. Versäumen Sie aber nicht das letzte Boot, das Sie wieder nach Salò bringt, es fährt in der Regel noch vor 18 Uhr!

7. Tag: Am letzten Tourtag fahren Sie die Gardesana entlang in Richtung Norden, um mit der Autofähre in Toscolano-Maderno auf die andere Seeseite nach ***Torri del Benaco** › **S. 61** überzusetzen. Erstes Ziel ist ***Garda** › **S. 65** mit seinem eleganten Hafen. Nach einer Stärkung geht es von der Küste ins Hinterland, ins Valle delle Pissotte zur Kirche ***Madonna della Corona** › **S. 66**, die an einem Felsen hoch oben über dem Etschtal klebt. Die ca. 45-minütige Fahrt dorthin führt über Costermano und Caprino durch eine von Olivenhainen geprägte Landschaft und zum Schluss über eine Serpentinenstraße. Auf der **Strada del Vino Bardolino** › **S. 68** fährt man durch die lieblichen Hügel des Weinanbaugebiets, mit den Winzerorten Cavaion Veronese und Calmasino, zurück zum Ufer, um zum Abschluss der Reise in ***Bardolino** › **S. 67** den gleichnamigen süffigen Tropfen zu verkosten.

Tour 2 Der Gardasee für Aktive in 7 Tagen

Tour-Übersicht:

Riva › Biacesa › Riva › Torbole / Monte Brione / Arco › Riva › Malcesine › Monte Baldo › Riva › Tremosine › Limone › Riva › Gargnano › Gardone Riviera › Giardino Heller-Hruska › Salò › Sirmione › Verona › Sirmione › Gardaland / Caneva World › Sirmione

Distanzen:

Riva › Biacesa › Torbole / Monte Brione / Arco › Riva ca. 25 km; **Riva › Malcesine** (per Boot) › **Monte Baldo** (per Seilbahn) › **Riva** 40 km; **Riva › Tremosine › Limone › Riva** 85 km; **Riva › Gargnano › Gardone Riviera** 40 km; **Gardone Riviera › Sirmione** 30 km; **Sirmione › Verona › Sirmione** 100 km; **Sirmione › Gardaland / Caneva World › Sirmione** 40–60 km

Verkehrsmittel:

Die Tour teilt sich in Abschnitte, die man zu Fuß oder mit dem Mountainbike macht, mit Auto, Bus und Linienboot › **S. 20.** Hinauf zum Monte Baldo gelangt man mit der Seilbahn.

1. Tag: Nehmen Sie in ****Riva del Garda** › **S. 48** für drei Nächte Quartier. Per Bike oder zu Fuß geht es am Morgen des ersten Tourtages von Riva die alte **Ponalestraße** › **S. 53** entlang, die sich hinauf in Richtung Ledro-See schlängelt – mit traumhaften Ausblicken. Nach knapp 10 km ist **Biacesa** › **S. 53** erreicht, wo man mittags in der netten Osteria dei Magasì essen kann (Via dei Dazi 3, Tel. 0464 50 88 36, ●–●●), bevor man sich zurück auf den Weg nach Riva macht. Wer zu Fuß unterwegs ist, kann ab Biacesa auch mit dem – nicht häufig verkehrenden – Bus 214 nach Riva fahren (www.ttspa.it). Surfer verbringen den Rest des Tages an einem der Surfspots von **Torbole**

› S. 55. Eine Alternative ist eine Wander- oder Klettertour zum **Monte Brione** › **S. 51**, auf dem man auch biken kann. Je nach Neigung begibt man sich auch gleich ins Mekka für Freeclimber und Fans des Klettersports, nach ***Arco** › **S. 52**.

Der »Schauderbalkon« im Ristorante Miralago in Pieve

2. Tag: Mit dem Linienboot geht es anderntags von Riva über Limone in knapp 1 Std. nach ***Malcesine** › **S. 57**, von wo man in silbernen Drehgondeln in ca. 15 Min. hinauf zum ***Monte Baldo** › **S. 60** schwebt. Dort startet ein etwas Kondition erfordernder Wanderweg, der in 3 Std. Richtung Norden zum 2079 m hohen **Monte Altissimo** führt. Geübte Wanderer können danach hinunter nach Nago und Torbole steigen, einfacher ist der Weg zurück zur Seilbahnstation. Wieder per Boot oder mit dem Linienbus 162 (Abfahrtszeiten unter www.atv.verona.it), der auch in Torbole hält, geht es zurück nach Riva.

3. Tag: Mit dem Auto fahren Sie am dritten Tourtag am Westufer entlang und hinauf in die Hochebene von ***Tremosine** › **S. 76**. Vom Örtchen **Pieve** genießt man bei einer Stärkung einen herrlichen Blick auf den Monte Baldo am gegenüberliegenden Ufer, bevor man weiter in die kleine Ortschaft **Vesio** fährt. Von hier lohnt ein Abstecher zu Fuß oder auf dem Mountainbike hinauf ins **Valle di Bondo** mit dem gleichnamigen See. Mit dem Auto geht es über **Voltino** an den Gardasee zurück, wo man den Tag in einem der Lokale von **Limone** › **S. 75** ausklingen lässt, um danach nach Riva zurückzukehren.

4. Tag: Am 4. Tag heißt es morgens Koffer packen. Anschließend führt die Fahrt entlang der Gardesana nach Süden. Im stimmungsvollen Städtchen ***Gargnano** › **S. 77** sollten Sie kurz verweilen und sich mit Proviant versorgen, danach fahren Sie hinauf in den Weiler **Sasso**. Von hier führt ein schöner Wanderweg in ca. 1 Std. zur Einsiedelei des hl. Valentin, wo Sie sich Ihr Picknick schmecken lassen können. Nach der Rückkehr ans Seeufer fährt man weiter nach ***Gardone Riviera** › **S. 82**, wo Sie auch übernachten. Am Nachmittag besuchen sie den zauberhaften ***Giardino Heller-Hruska** › **S. 83** und am Abend eine Aufführung im Theater des ***Vittoriale** › **S. 84**.

5. Tag: Entlang der Küstenlinie laden am 5. Tag viele reizvolle Orte zum Bummeln und Verweilen ein, darunter ****Salò › S. 85**, bis man sein nächstes Übernachtungsziel, ****Sirmione › S. 93**, erreicht hat. Ob man hier die römischen ****Grotten des Catull › S. 94** besichtigt, einen Bummel durch die engen Gassen der Altstadt unternimmt oder sich dem Dolcefarniente am Lido delle Bionde hingibt, niemand wird sich dem Reiz dieses Städtchens entziehen können.

6. Tag: Der nächste Tag gehört ausschließlich der weltberühmten Opernmetropole ****Verona › S. 125**. Auf dem Programm stehen heute ein Besuch der ****Arena**, danach unbedingt ein Caffè in einer der Bars an der ****Piazza delle Erbe** genießen. Eine Shopping-Tour durch die zahlreichen Boutiquen bildet den Abschluss des Verona-Besuchs, bevor die Reise am Abend wieder nach Sirmione zurückgeht.

7. Tag: Der letzte Tourtag steht unter dem Motto Action: Freunde von Spiel und Spaß besuchen ***Gardaland › S. 101**, den Freizeitpark. Für Wasserratten empfiehlt sich der größte Aquapark des Landes, **Caneva World › S. 101**.

Tour 3 Kulturelle Höhepunkte in 6 Tagen

Tour-Übersicht:

Riva › Gargnano › Toscolano-Maderno › Gardone Riviera › Salò › Brescia › Desenzano del Garda › Sirmione › Peschiera del Garda › Valeggio sul Mincio › Verona › Lazise › Bardolino › Garda › Punta San Vigilio › Monte Luppia › Castelletto di Brenzone › Assenza › Malcesine

Distanzen:

Riva › Gargnano › Toscolano-Maderno › Gardone Riviera 50 km; **Gardone Riviera › Salò › Brescia** 40 km; **Brescia › Desenzano del Garda › Sirmione** 40 km; **Sirmione › Peschiera del Garda › Valeggio sul Mincio › Verona** 45 km; **Verona › Lazise › Bardolino › Garda › Punta San Vigilio › Monte Luppia › Castelletto di Brenzone › Assenza › Malcesine** 85 km

Verkehrsmittel:

Bei dieser Tour gibt es keine Alternative zum Auto. Rechtzeitig am Morgen sollte man für den letzten Tourabschnitt von Verona aus zurück an das Ostufer aufbrechen.

1. Tag: Die mittelalterliche ***Rocca** bewacht das reizvoll am Nordufer des Sees gelegene ****Riva del Garda › S. 48**, von dem aus die Tour startet. Neben dem Hauptplatz mit seinem Turm lohnt hier der Besuch der Chiesa

Dom in Salò – bedeutendstes spätgotisches Gotteshaus am Gardasee

dell'Inviolata. Anschließend geht es entlang des Westufers nach ***Gargnano** › **S. 77** zur Kirche San Francesco mit ihrem romanischen Kreuzgang und weiter ins nahe **Bogliaco** › **S. 78**, wo Sie unbedingt einen Blick auf die Fassade der barocken Villa Bettoni werfen sollten. Ein Kleinod der Romanik wartet mit der Pfarrkirche **Sant'Andrea in **Maderno** › **S. 80**, bevor man auf der letzten Station des Tages die Kuriositäten des italienischen Schriftstellers Gabriele d'Annunzio im ***Vittoriale degli Italiani** › **S. 84** in ***Gardone Riviera** › **S. 82** bestaunt.

2. Tag: Am nächsten Tag geht es an Gardones prächtigen Villen aus dem 19. Jh. vorbei ins benachbarte ****Salò** › **S. 85**. Der Dom des Städtchens, Höhepunkt der spätgotischen Kunst der Region, zeigt deutliche Einflüsse Venedigs. Vom Seeufer führt der Weg anschließend nach Westen ins Hinterland, nach ****Brescia** › **S. 113**, das man nach ca. 1-stündiger Autofahrt erreicht. Hier beeindrucken die beiden Hauptplätze: die Piazza del Duomo mit ihrem mächtigen klassizistischen Dom und die ****Piazza della Loggia** › **S. 117** mit Bogengängen und Renaissancebauten.

3. Tag: Nach einer Übernachtung in Brescia sollten Sie am nächsten Vormittag genügend Zeit für den Höhepunkt jedes Brescia-Besuchs einplanen: das ***Monastero di Santa Giulia** › **S. 113**. Am Nachmittag geht es dann zurück ans Südufer des Gardasees nach ***Desenzano del Garda** › **S. 96**. Von den Spuren antiken Lebens zeugt eine römische Villa. In ****Sirmione** › **S. 93**, dem letzten Ziel an diesem Tag, ist die Antike ebenfalls gegenwärtig, in den ****Grotten des Catull** › **S. 94**, einer einstigen Prachtvilla aus dem 2. Jh.

4. Tag: Vor der Abreise aus Sirmione am vierten Tag lohnt ein Besuch der Kirche ***San Pietro in Mavino** und der ***Wasserburg der Scaliger.** Anschließend fahren Sie nach **Peschiera del Garda** › **S. 101** und entlang des Flusses Mincio nach **** Valeggio sul Mincio** › **S. 104** mit der imposanten ****Visconti-Brücke.** Wer möchte, macht auf dem Weg nach Verona noch einen Abstecher nach ***Custoza** › **S. 106**, wo ein Beinhaus von den Gräueln der italienischen Befreiungskriege erzählt, bevor man abends ****Verona** › **S. 125** erreicht, wo zwei Nächte eingeplant sind.

5. Tag: Der nächste Tag gilt den Sehenswürdigkeiten von Verona: ****Arena,** Dom und ****San Zeno Maggiore** sind nur drei von vielen Highlights.

6. Tag: Von Verona führt die Reise zum Abschluss an das Ostufer des Gardasees. An der ersten Station, in **Lazise** › **S. 69**, begegnet man der Kunst des Mittelalters in der romanischen Kirche San Nicolò, im nahen ***Bardolino** › **S. 67** mit der Kirche San Severo, dem bedeutendsten Bauwerk der Romanik am Gardasee. Im etwas nördlicher gelegenen ***Garda** › **S. 65** lohnt die barocke Pfarrkirche Santa Maria Maggiore mit einem Kreuzgang aus dem 14. Jh den Besuch. Danach geht es weiter bis zur ***Punta San Vigilio** › **S. 64**, wo man vom Parkplatz aus zu Fuß dem Wanderweg nach Crero folgt (rot-weiß-rote Markierung), um nach ca. 90 Min. die einmaligen Felsgravuren am nahen ****Monte Luppia** › **S. 63** zu erreichen, die zu den ältesten Relikten menschlicher Kunsttätigkeit am Gardasee zählen. Die letzte Etappe führt weiter in nördlicher Richtung entlang der Uferstraße, zuerst zur romanischen Kirche San Zeno in den Ort **Castelletto di Brenzone** › **S. 61** mit seinem Gassengewirr, und anschließend nach **Assenza** › **S. 60**, wo man als letztes Kultur-Highlight in der Kirche San Nicolò di Bari das »Abendmahlsfresko« bewundert. Von hier ist es dann nicht mehr weit zum netten Ferienort **Malcesine** › **S. 57**, der Endstation der Tour.

Pflichtprogramm in Valeggio sul Mincio: die hiesigen Tortellini probieren

Klima & Reisezeit

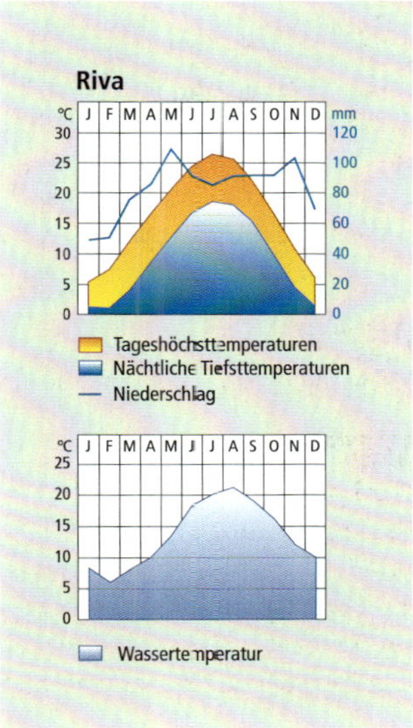

Ginge es nach den Erfahrungswerten der Meteorologen, so müsste der Gardasee eigentlich um 200 km weiter im Süden liegen. Theoretisch ist nämlich das Klima für ein Gewässer, das sich in dieser Lage erstreckt, vor allem in den Wintermonaten viel zu mild. Im Sommer wiederum sorgt stets eine frische Brise für angenehme Temperaturen. Auch in den Herbstmonaten September und Oktober sind die Temperaturen noch durchaus angenehm.

Im November setzen Niederschläge ein, und es wird unangenehm kühl. Die Regenperiode endet aber bereits im Dezember und macht Platz für die klaren Tage des Winters. Im Januar, dem kältesten Monat mit einer durchschnittlichen Lufttemperatur von 2,3 °C, fällt höchst selten Schnee, und bereits Anfang April wärmt die Sonne schon so, wie es in Mitteleuropa erst Mitte Mai der Fall ist.

Wie die Luft, so auch das Wasser: Im Juli und August zeigt das Thermometer verlässlich 25 °C und mehr an.

Die schönste Zeit für Gardasee-Reisen ist zweifellos das Frühjahr, wenn die Natur in ihrer farbenfrohen Blütenpracht erwacht und die großen Besucherströme den See noch nicht erreicht haben. Wasserratten kommen erst im Frühsommer auf ihre Kosten, doch bis in den September hinein lädt dann der See – vor allem in seinem südlichen Teil – zum Baden ein. Im Sommer, besonders während der italienischen Schulferien im Juli/August, können verstopfte Straßen sowie überfüllte Hotels und Campingplätze das Stimmungsbild trüben. Eine frühzeitige Reservierung ist daher unbedingt angebracht.

Der Herbst ist die Zeit der Wanderer und der Genießer … Traubenkuren zum Abnehmen, Speck und Maroni zum Schlemmen – im milden Licht der Herbstsonne und beim Anblick des bunten Kleides der Natur kann man die Seele so richtig baumeln lassen. Im Winter verirren sich nur wenige Gäste an den Gardasee, die Hotels sind dann zum großen Teil geschlossen.

Anreise

Mit dem Auto

Die Hauptroute zum Gardasee führt über die Brennerautobahn (A 22, mautpflichtig). Wer den nördlichen Teil des Sees ansteuert, verlässt die Autostrada bei der Ausfahrt Rovereto Sud/Lago di Garda Nord, den südlichen Teil erreicht man über die Ausfahrt Affi, die durch eine Schnellstraße mit Peschiera del Garda verbunden ist. Diese erspart den Umweg über das Autobahnkreuz Verona, über das man auf die A 4 (Venedig–Mailand) gelangt. Die Ausfahrt der A 4, Desenzano del Garda, führt auf die Westufer-Straße Gardesana Occidentale.

Alternativen sind **Autoreisezüge**. Sie verkehren im Sommer von Berlin, Hamburg, Hannover, Köln, Neu-Isenburg nach Bozen bzw. von Dortmund, Frankfurt/M., Hamburg, Hannover, Köln nach Verona. Frühzeitige Reservierung empfehlenswert!

Mit dem Zug

Mehrmals täglich gibt es Direktverbindungen von Deutschland und Österreich (via Innsbruck und Brenner) sowie über die Schweiz (via Mailand). Ein Eurocity, der in München startet, ist in knapp 5 Stunden in Rovereto (Zielbahnhof für den Nordteil des Sees), eine Stunde später in Verona (von dort bestehen direkte Busverbindungen zu allen Seeorten › **S. 20**).

Nicht alle Schnellzüge halten in den Gardasee-Orten Peschiera, Sirmione und Desenzano. Infos zu Fahrplänen: www.bahn.de, www.sbb.de, www.oebb.at und www.trenitalia.it

Mit dem Flugzeug

In der Nähe des Gardasees liegen zwei Flughäfen, die auch von internationalen Fluggesellschaften angesteuert werden.

Der **Flughafen Valerio Catullo di Villafranca** in **Verona** liegt nur 18 km vom Südufer des Sees entfernt (www.aeroportoverona.it). Shuttle-Busse verkehren alle 20 Min. zum Busbahnhof Porta Nuova nach Verona (5 bis 23 Uhr, 6 €). Wer ans Ostufer möchte, kann hier direkt in einen APT-Bus (www.apt.vr.it) umsteigen oder den Zug ans Südufer nehmen und in Peschiera del Garda umsteigen (1- bis 2-mal/Std., bis 21.30 Uhr, www.trenitalia.it). Ans Westufer fährt man am besten mit dem Zug nach Desenzano del Garda. Von dort verkehren Busse der Trasporti Brescia Nord › **S. 20**.

Der bei **Bergamo** gelegene **Flughafen Orio al Serio** wird von einigen Billigfluglinien angesteuert (u. a. von Berlin mit Ryanair). Shuttlebusse verkehren halbstündlich zum Hauptbahnhof nach Bergamo (ca. 5 €). Weiterhin verbinden 5 × täglich Busse der Linie Autostradale den Flughafen mit Brescia

Abenteuerliche Fahrt auf der Gardesana Occidentale am Westufer

(www.autostradale.it, ca. 10 €). Von Bergamo und Brescia aus erreicht man den Gardasee mit regelmäßig verkehrenden Zügen (www.trenitalia.it).

Umständlicher ist ein Flug über Mailand (150 km entfernt) oder Venedig, da man dann entweder ein (teures) Taxi nehmen oder von dort per Bahn weiterfahren muss.

Reisen in der Region

Mit dem Auto

Das Straßennetz rund um den Gardasee ist ausgezeichnet, doch sollten Autofahrer, die mit engen, kurvenreichen Bergstrecken Probleme haben, einige Bergstrecken, vor allem vom Westufer aus, besser meiden. Auf der Gardesana Occidentale am Westufer, einer kühn angelegten Straße mit unzähligen, meist unbeleuchteten Tunneln, darf man nur an den dafür vorgesehenen Plätzen halten und parken.

Die Tempolimits betragen im Ortsgebiet in der Regel 50 km/h, auf Staats-, Regional- und Gemeindestraßen 90 km/h, auf Schnellstraßen 90 bzw. 110 km/h, auf Autobahnen 130 km/h. Außerhalb geschlossener Ortschaften muss man auch tagsüber mit Abblendlicht fahren.

Bei einer Panne darf das Auto nur mit Warnweste verlassen werden, diese ist in jedem Fall mitzuführen! Seit 2009 darf man nach dem Genuss von Alkohol nicht mehr fahren, die Promillegrenze liegt bei 0,0. Pannenhilfe erhält man im ganzen Land unter Tel. 116 (Pannendienst des Automobile Club d'Italia, ACI). Sie ist für Ausländer nur dann kostenlos, wenn man einen Auslandsschutzbrief vorweisen kann.

Bei einem Unfall sollte unbedingt die Polizei zu Hilfe geholt werden (Carabinieri: Tel. 112), weil sonst Schadenersatzansprüche zu einem oft jahrelangen Rechtsstreit führen können. Name und Adresse der Versicherung jedes italienischen Unfallgegners sind aus dem hinter der Windschutzscheibe angebrachten Versicherungsschein ersichtlich. Zahlreiche deutsche Versicherer empfehlen Italienreisenden auch weiterhin die Mitnahme der Internationalen Versicherungskarte für Kraftverkehr, wegen ihrer Farbe auch Grüne Versicherungskarte genannt.

Mietwagen kann man in allen Fremdenverkehrsorten sowie an den Flughäfen mieten. Vergleichen Sie Preise und buchen Sie frühzeitig (oft sind die Tarife im Internet am günstigsten).

Mit dem Bus

Die Orte am **Ostufer** des Sees, aber auch jene im Hinterland, sind durch Linienbusse der ATV (Azienda Trasporti Verona) gut erschlossen. In der Hochsaison verkehren Busse der Linie 162 etwa jede Stunde zwischen Riva und Verona (www.atv.verona.it). Der zum Trentino gehörige **Nordteil** des Gardasees (Riva, Torbole) und sein Hinterland werden durch die Busse von Trentino Trasporti bedient, die auch den Bahnhof Rovereto mit dem See verbinden (www.ttspa.it, Fahrplan www.ttesercizio.it). Entlang des **Westufers** verkehren Busse der Trasporti Brescia Nord (www.trasportibrescia.it). Die Orte des **Südufers** werden von Linien der ATV und von Trasporti Brescia gemeinsam angefahren. Bustickets sind in Tabacchi-Läden, oft auch in den Fremdenverkehrsbüros erhältlich.

Mit dem Schiff

Alle wichtigen Orte am See sind durch ein Netz regelmäßig verkehrender Fährlinien (Personen- und Fahrzeugtransport) verbunden, z.T. werden auch schnelle Tragflügelboote sowie Katamarane eingesetzt. Die Hauptorte werden etwa stündlich angesteuert. Eine Schifffahrt von Desenzano nach Riva del Garda dauert ungefähr 4,5 Std. (einfache Strecke ca. 15 €). Für die Fahrt in Schnellbooten zahlt man einen Aufschlag. Möchte man ans jeweils gegenüberliegende Ufer ohne um den halben See fahren zu müssen, empfiehlt sich die **Autofähre,** die ganzjährig zwischen Torri del Benaco am Ostufer und Toscolano-Maderno am Westufer pendelt (zwischen ca. 8 und 20 Uhr alle 40 Min., Fahrzeit 30 Min.). Im Sommer verkehrt zusätzlich eine Autofähre zwischen Limone und Malcesine mehrmals tgl. zwischen 10 und 18 Uhr. Infos: **Navigazione sul Lago di Garda** (Piazza Matteotti 1, 25015 Desenzano del Garda, Tel. 030 914 95 11, www.navigazionelaghi.it).

Erst-klassig! In der Sommersaison werden täglich Kreuzfahrten mit Tanzmusik veranstaltet, an Wochenenden auch nächtliche Ausfahrten mit einer Pianobar an Bord. Nostalgische Vergnügungsfahrten bieten die Belle-Époque-Dampfer »Italia« (Baujahr 1902) und »Zanardelli« (1903).

SPECIAL

Unterwegs mit Kindern

Bunt und vielfältig ist das Angebot für den Familienurlaub am Gardasee. Nicht verpassen sollte man eine Fahrt auf dem Linienboot oder mit einem Tretboot. Besonders im Süden des Sees gibt es eine Auswahl an Parks, deren Besuch die Ferien zu einem einmaligen Erlebnis machen.

Vergnügungsparks

Neben den ferienüblichen Beschäftigungen wie Baden, Eisessen und Bootfahren gibt es für große und kleine Kinder in den – nicht ganz billigen – Vergnügungsparks eine unerschöpfliche Angebotsfülle für Spiel, Spaß und Abenteuer:

Der Klassiker ist ***Gardaland** › S. 101 nahe Peschiera am Südufer mit über 30 Attraktionen wie halsbrecherischen Achterbahnfahrten, Afrika-Safaris, Wildwasserfahrten, Delfinshows, Paraden à la Disneyland. Einen Überblick verschafft man sich zu Beginn am besten mit einer Rundfahrt mit dem »Transgardaland Express«. Vermeiden Sie die Wochenenden für einen Besuch.

- **Gardaland**
  37014 Castelnuovo del Garda
  Loc. Ronchi
  Tel. 045 644 97 77
  www.gardaland.it
  Ende Juni bis Anfang Sept. tgl. 10 bis 23 Uhr, Ende März–Ende Sept. tgl. 10 bis 18 Uhr, im Okt. nur noch Sa/So und gelegentliche Termine 10–18 Uhr, Vollzahler 37,50 €, Online ab 27,50 €).

Mit zwei Themenparks und Erlebnisgastronomie lockt **Caneva World** › S. 101, ebenfalls am Südufer nicht weit von Gardaland: Viel Badespass und Abenteuer mit Wasser, auch für kleinere Kinder, im Aquapark. In die Welt des Films entführt Movieland mit Stunt-Shows und Blicken hinter die Leinwand.

Bild oben: Gardaland – Nervenkitzel und Spaß ohne Ende

- **Caneva World**
  Loc. Fossaltà 58
  37017 Lazise
  Tel. 045 696 99 00
  www.canevaworld.it
  Aquapark Mitte Mai–Mitte Sept. tgl. 10–18, Aug. bis 19 Uhr, Movieland Ende März–Anf. Nov. 10–18 Uhr, 25 € Tag, Kinder ab 1,40 m 19 €, diverse günstigere Packages.

Wem das Baden am See zu langweilig ist, der findet im Parco Aquatico Cavour viel Wasserspaß und ein tolles Freizeitangebot. Auch für Babys und Kleinkinder wird gesorgt. Nach dem Wasservergnügen kann man sich auch auf den ausgedehnten Sportanlagen austoben oder im Einkaufszentrum shoppen gehen.

- **Parco Aquatico Cavour**
  37067 Valeggio sul Mincio
  Loc. Ariano
  12 km nördl. von Peschiera del Garda
  Tel. 045 795 09 04
  Sommersaison bis 1. Sept. tgl. 9.30 bis 19 Uhr, Erwachsene 16 €, Kinder 3–10 Jahre 12 €, halbtags günstiger.

Mut und Geschicklichkeit sind im neuen Kletterpark mit Hochseilgarten im Hinterland des Ostufers gefordert, für jede Altersgruppe gibt es geeignete Parcours.

- **Jungle Adventure Park**
  San Zeno di Montagna
  Strada per Lumini, Pineta Sperane
  Tel. 045 628 93 06
  www.jungleadventurepark.com
  Hochsaison tgl. 10–19 Uhr, 24.3. bis 25.4. und 15.9.–28.10. nur Wochenenden 10–18 Uhr, je nach Parcours ab 15 €.

Begegnungen mit Tieren

Der Tierpark **Natura Viva** beherbergt auf einem 24 ha großen Hügelgelände zwischen der Brennerautobahn und dem Ostufer des Gardasees Hunderte einheimische und exotische Arten. Bei einer Safari kann man mit dem Auto fast hautnah an Löwen, Antilopen und anderen Wildtieren vorbeifahren.

- **Parco Natura Viva**
  Loc. Figara 40, 37012 Bussolengo
  zwischen Bussolengo u. Pastrengo
  Tel. 045 717 01 13
  www.parconaturaviva.it
  März–Nov. tgl. 9.30–18.30, So bis 19.30 Uhr, Dez.–Febr. geschl.; Tagesticket 20 €, Kinder 3–12 Jahre 15 €; Autoverleih für die Safari möglich.

Kleine Naturforscher werden einen Nervenkitzel erleben und eine Menge Anregungen im **Reptiland** in Rivas Zentrum finden:

- **Reptiland**
  Piazza Garibaldi 1,
  38066 Riva del Garda
  Tel. 348 794 8389
  www.reptiland.it
  April–Ende Okt. tgl. 11–20 Uhr, Erw. 8 €, Kinder bis 8 Jahre frei.

Der Unterwasserwelt des Gardasees, aber auch des Mittelmeers und der Ozeane kann man im **Gardaland Sea Life** auf 3500 m² nahe kommen.

- **Gardaland Sea Life**
  Loc. Ronchi, Castelnuovo del Garda
  Tel. 045 644 97 77
  www.gardaland.it
  April–Mitte Sept. tgl. 10–18 Uhr, sonst kürzer; Erw. 15 €, Online ab 9,50 €; Kids über 1 m und bis 10 Jahre 9,50 €.

Sport & Aktivitäten

Der Gardasee ist ein Mekka für Aktiv-Urlauber. Ob man sich lieber im Wasser, per pedes oder mit dem Drahtesel fortbewegt: Vom Anfänger bis zum Profi findet hier jeder das passende Sportangebot. Infos zu allen Sportarten findet man unter www.sport-gardasee.de.

Angeln

Ehe man die Angelrute auswirft, muss man einen staatlichen Angelschein für Ausländer erwerben. Formulare dafür *(tassa per la pesca)* gibt es in den Tourismusbüros und auf Postämtern. Die benötigten, aufzuklebenden zwei Wertmarken kauft man in Tabacchi-Läden und klebt sie auf das ausgefüllte Formular. Angeln in Flüssen, Bächen und Seen im Umland ist unterschiedlich geregelt. Wer ohne Lizenz angelt oder Schutzvorschriften nicht einhält, muss mit harten Strafen rechnen.

Golfen

Der Gardasee ist eine ausgesprochene Golfregion mit derzeit elf Plätzen – teils mit herrlichem Seeblick –, mehreren Golfhotels und -schulen.

Arzaga Golf Club (18- und 9-Loch)
- 25080 Calvagese della Riviera
- Via Arzaga 1
- Tel. 030 68 06 00
- www.palazzoarzaga.it

Golf Ca' degli Ulivi (18-Loch Championship, 9-Loch Executive)
- 37010 Costermano
- Via Ghiandare 2
- Tel. 045 627 903
- www.golfcadegliulivi.it

Golf Club Franciacorta
(18- und 9-Loch)
- 25040 Corte Franca
- Via Provinciale 34 E
- Tel. 030 98 41 67
- www.franciacortagolfclub.com

Garda Golf Country Club
(18- und 9-Loch)
- 25080 Soiano del Lago
- Tel. 0365 67 47 07
- www.gardagolf.it

Bogliaco Golf Resort (18-Loch)
- 25088 Toscolano-Maderno
- Via del Golf 21
- Tel./Fax 0365 64 30 06
- www.golfbogliaco.com

Mountainbiking

Wer nicht das eigene Bike mitgebracht hat, findet in fast allen Orten um den See Geschäfte, die Fahrräder verleihen. In den einzelnen Tourismusbüros vor Ort liegt meist gutes, kostenloses Kartenmaterial aus.

Eine mittelschwere Tour ist der **Höhenweg über das Monte-Baldo-Massiv.** Ausgangspunkt ist Mori (204 m) an der Nationalstraße 240 zwischen Torbole und dem Etschtal. Die Strecke führt auf der durchgehend asphaltierten Provinzstraße 32 über Brentonico und San Giacomo nach San Valentino. Dann kommt man über Passo Canaletta (1617 m), Bocca di Navene (1430 m) und Rifugio Novezzina (1260 m) nach Ferrara di Monte Baldo (856 m). Über Caprino Veronese und Costermano geht es nach Garda (insgesamt 65 km, mind. 5 Std., Höhenunterschied 1400 m.)

Erst-klassig Die Seilbahn von Malcesine auf den Monte Baldo befördert auch Mountainbikes. An der Talstation Radverleih/Touren bei **BikeXtreme,** Tel. 045 740 01 05.

Mittelschwer ist auch die Tour zum **Lago d'Idro.** Start ist in Gargnano (98 m) am Westufer des Gardasees. Die Route führt über Navazzo (487 m), den Lago di Valvestino (503 m), Capovalle (932 m), den IdroSee (360 m, bis dahin durchgehend asphaltiert), Trebbio/Vico (680 m), Eno, San Martino (373 m), Vobarno, Tormini, Salò nach Gargnano (insgesamt 80 km, 5 Std., Höhenunterschied 840 m).

Erst-klassig Ok Surf in Gargnano bietet auch geführte Mountainbiketouren und Training an › S. 25.

Schwieriger ist die Tour zum **Monte Tremalzo:** Die Etappe Riva del Garda (73 m) – Molina di Ledro – Pieve di Ledro (668 m) – Bezzecca – Tiarno di sopra (749 m) – Passo d'Ampola – Passo di Tremalzo (1665 m) ist durchgehend asphaltiert. Die letzte Steigung (Sandstraße) führt zunächst bis zum Rifugio Garda (1708 m), einer gut bewirtschafteten Hütte, die sich ideal zu längerer Rast eignet (traumhafter Fernblick!). Nach einem Stückchen bergan erfolgt die steile Abfahrt über Voltino zurück hinunter an den See nach Limone (insgesamt 30 km, 4 Std., Höhenunterschied 1650 m).

Paragliding

Die Seilbahnen Malcesine – Monte Baldo und Prada – Costabella, die in wenigen Minuten die Abflugplätze in 1600–1800 m Höhe erreichen, ermöglichen es, mehr als einen Flug pro Tag zu absolvieren.

Das Gleitschirmzentrum **Volo Libero Alto Garda** (Via Segantini 28, 38062 Arco, Tel. 348 709 79 89, www.arcobalenofly.com) veranstaltet Kurse und Tandemflüge und vermietet auch die Ausrüstung.

Reiten

Die schönsten Reitwege liegen im Hügelland hinter Garda, an den Hängen des Monte Baldo, in der Ebene bei Peschiera del Garda und in den Mincio-Auen. Etwa 50 Reitställe rund um den See bieten Kurse und Ausritte an, auch Touren von einer Std. bis zu einer Woche. Bewährte Reitställe und -schulen sind:

Club Ippico S. Giorgio
- Loc. San Giorgio, 38026 Arco
- Tel. 0464 55 69 42
- www.clubippicosangiorgio.it

Club Ranch Barlot
- Loc. Barlot-Porcino
- 37013 Caprino Veronese
- Tel. 348 723 40 82
- www.ranchbarlot.com

Centro Ippico Forte Belvedere
- 37014 Castelnuovo del Garda
- Tel. 0456 40 00 41

Das Nordostufer ist ein Dorado für Windsurfer

Agriturismo Scuderia Castello
- 25088 Gaino di Toscolano-Maderno
- Via Castello 10
- Tel. 0365 64 41 01
- www.scuderiacastello.it

Wassersport

Die besten Windverhältnisse zum Segeln und Surfen finden sich im nördlichen Teil des Sees bis etwa auf der Höhe von Malcesine. Torbole hat sich dank der steifen Brisen zu Italiens Top-Surfrevier entwickelt. Anfänger sollten es weiter südlich, z. B. in Torri del Benaco, versuchen, wo gemäßigtere Winde herrschen (Boots- und Surfbrettverleih). Eine Tauchschule gibt es in Riva.

Segelschulen:

Hotel Sailing Center
- Loc. Campagnola
- 37018 Malcesine
- Tel. 045 740 00 55
- www.hotelsailing.com

Stickl Sportcamps

Kurse für alle Altersklassen, Segelscheine.
- Via Gardesana 32
- 37018 Malcesine
- Tel./Fax 045 740 16 97
- www.stickl.com

Windsurfschulen:

Centro Surf Martini Sport

Deutschsprachige Kurse.
- Lido Galeazzi
- 25010 Sirmione
- Tel. 030 91 62 08

Nautic Club Riva
- Viale Rovereto 44
- 38066 Riva del Garda
- Tel./Fax 0464 55 24 53
- www.nauticclubriva.com (dt.spr.)

Ok Surf
- Parco Fontanella
- 25084 Gargnano
- Tel. 328 471 77 77
- www.oksurf.it (dt.spr.)

Surf Segnana
- Foci del Sarca
- 38069 Torbole
- Tel. 0464 50 59 63
- www.surfsegnana.it (dt.spr.)

Arco – Mekka der Freeclimber

Vasco Renna Professional Surf Center

Größte Surfschule, deutschsprachiges Kursangebot.

- Parco Pavese
- 38069 Torbole sul Garda
- Tel. 0464 50 59 93
- www.vascorenna.com

Windsurfing Campagnola

- Via Panoramica
- 37018 Malcesine
- Tel. 333 501 61 96
- www.sunrise-windsurfing.de (dt.spr.)

Tauchschule:
Gruppo Sommozzatori Riva del Garda

Ausrüstungsverleih und Sommerkurse.

- Viale Rovereto 140
- 38066 Riva del Garda
- Tel. 0464 55 51 20
- www.grupposommozzatoririva.it

Wandern

Die Gardaseeberge sind durch gut markierte Wege und bewirtschaftete Hütten *(rifugio)* perfekt erschlossen. Genaue **Wanderkarten** erhält man in den lokalen Tourismusbüros (APT), die auch über geführte Wanderungen informieren.

Der **Monte-Baldo-Höhenweg** bietet eine reiche Flora und atemberaubende Ausblicke. Ausgangspunkt ist die Bergstation (1752 m) der Seilbahn von Malcesine (im Sommer 8–19 Uhr, im Winter kürzer › S. 60). Der Weg Nr. 651 führt in 4 Std. zum Monte Maggiore, auch Punta Telegrafo genannt (Hütte: Rif. Barana).

Der das Westufer dominierende **Monte Pizzocolo** (1581 m) mit seinem charakteristischen Gipfelaufbau ist am besten von San Michele, einem Ortsteil von Gardone Riviera, zu bezwingen (ca. 4 Std.).

Am **Corno della Marogna** führt eine bequeme, 2-stündige Wanderung durch ein pflanzenreiches Gebiet. Start von Rif. Garda (1708 m, mit dem Auto von Riva über Lago di Ledro und Passo di Tremalzo).

Klettern

Das Zentrum des Klettersports ist **Arco** › S. 52, dort werden Touren aller Schwierigkeitsgrade geboten. Im Mekka der Freeclimber wird im September das »Rock Master« ausgetragen, die inoffizielle Weltmeisterschaft (www.rockmaster.com).

APT Arco

- Viale delle Palme 1, 38062 Arco
- Tel. 0464 53 22 55
- www.gardatrentinonline.it

Unterkunft

Vom **Campingplatz** bis zur **Luxusherberge,** vom einfachen **Privatzimmer** bis zum teuren **Apartment** reicht das Angebot, das aber regelmäßig im August an seine Grenzen stößt. Es empfiehlt sich, einen Urlaub in der Hauptsaison langfristig im Voraus zu buchen. 5-Sterne-Häuser sind rar gesät, doch auch in den niedrigeren Kategorien wird viel Komfort geboten. Die meisten Hotels in der mittleren und gehobenen Klasse sind mit Pool, Klimaanlage und Satelliten-TV ausgestattet und familiengerecht eingerichtet.

Ruhiger und beschaulicher geht es in den Orten im Hinterland des Gardasees zu. Hier findet man auch preiswertere kleine Hotels, Pensionen sowie Ferienwohnungen auf **Bauernhöfen** *(Informationen unter www.agriturismo.it; dt.spr.).*

Eine Übersicht über die Unterkünfte bietet www.gardasee.de; Infos zu **Campingplätzen** um den Gardasee unter www.camping.info/campingplaetze.

Jugendherbergen existieren bislang nur in Riva › S. 50 und in Verona › S. 137. Einfache preisgünstige Übernachtung ab 15 € bieten auch zahlreiche Hostels und B&B rund um den See, Übersicht u. a.: www.german.hostelworld.com und www.hostels.com/de/lake-garda/italien.

Weitere Informationen sind bei den lokalen APT-Büros, z. B. in Riva del Garda › S. 49 erhältlich.

TEURER SEEBLICK: Die Preise für jede Art von Unterkunft – auch für Campingplätze – richten sich nach der Entfernung zum See. Wer direkt am Wasser residieren will, der muss tiefer in die Tasche greifen. Seenähe bedeutet jedoch meist auch mehr Lärm, insbesondere am Ostufer.

Die stilvollsten Hotels

Erst-klassig

- Direkt am See beeindruckt das **Hotel Europa** in Malcesine mit seinen modern und harmonisch designten Zimmern. › S. 59
- Die einmalige Lage an der Punta San Vigilio und die Exklusivität des Hotels haben die Reichen und Schönen der Welt schon immer in die **Locanda San Vigilio** gezogen. › S. 65
- Mögen auch noch so viele Touristen in Limone sein, im Park des **Hotel Imperial** wird man davon nichts mitbekommen. › S. 75
- Seit mehr als 100 Jahren zählt das **Grand Hotel Gardone Riviera** zu den Topadressen am See. › S. 83
- Die Jugendstilvilla **Fiordaliso** in Gardone Riviera bietet neben charmanten Zimmern auch eines der Spitzenrestaurants am See. › S. 83
- Das elegante, mit wunderschönem Jugendstildekor ausgestattete **Hotel Laurin** in Salò lässt die Belle Époque wieder aufleben. › S. 86
- Luxus pur kann man im historischen **Palace Hotel Villa Cortine** in Sirmione genießen, zu dem ein mit Brunnen und Statuen geschmückter Garten und ein Privatstrand gehören. › S. 94

Der Gardasee ist ein Paradies
für Wassersportler

LAND & LEUTE

STECKBRIEF

- **Lage:** 45,3° und 45,5° nördlicher Breite sowie 10,3° und 10,5° östlicher Länge
- **Länge:** 51,6 km
- **Maximale Breite:** 17,2 km
- **Umfang:** 158,4 km
- **Wasseroberfläche:** 368 km²
- **Tiefste Stelle:** 346 m
- **Durchschnittstiefe:** 136 m
- **Anwohner:** 130 000
- **Landesvorwahl:** 0039
- **Währung:** EUR
- **Zeitzone:** MEZ

Drei Provinzen teilen den sich von den Alpen bis zur Po-Ebene erstreckenden Gardasee (Lago di Garda) untereinander auf: zum Trentino gehört der Norden, zur Provinz Brescia das Westufer, zur Provinz Verona die Ostflanke des Sees. Diese drei Provinzen wiederum gehören drei Regionen an: Trentino-Alto Adige (Südtirol), Lombardei und Venetien. Mit 368 km² Wasserfläche ist der Gardasee (vor dem Lago Maggiore) der größte See Italiens.

Mit insgesamt fünf kleinen Inseln kann der Gardasee aufwarten: Alle befinden sich in Privatbesitz. Die größte ist die bei Salò gelegene Isola del Garda mit 0,09 km². Die etwas weiter südlich gelegene Isola San Biagio misst nur 0,01 km², und die Dimensionen der drei anderen Inselchen – Trimelone, Sogno und dell'Olivo – sind kaum der Rede wert.

Politik und Verwaltung

Dass sich Italiens politische Landschaft grundlegend geändert hat, daran hat die Bevölkerung im nördlichen Teil der Apenninenhalbinsel keinen geringen Anteil. Die *Lega Nord,* die, wie schon ihr Name sagt, auch um den Gardasee eine starke Anhängerschaft besitzt, tritt für eine radikale Veränderung der italienischen Verfassung ein. Man möchte nicht mehr mit dem »armen Süden« teilen, sondern in einer unabhängigen »Republik Padanien« die Erfolge der starken Wirtschaft Norditaliens allein nutzen.

Unter ihrem Parteichef Umberto Bossi forderte die rechtspopulistische Partei immer wieder die Abspaltung des wohlhabenden Norditalien vom armen Süditalien. 2012 trat Bossi nach 20 Jahren im Amt aufgrund eines handfesten Finanzskandals, ein Jahr nach Berlusconis

Abgang als Regierungschef, zurück. Bei den letzten Parlamentswahlen im Februar 2013 verlor sie die Hälfte der Stimmen und sitzt seither in der Opposition, bei den gleichzeitigen Regionalwahlen in der Lombardei konnte sie aber den Regionalpräsidenten stellen.

Wirtschaft

Der Tourismus sichert den meisten der 130 000 Anwohner des Gardasees ihren Lebensunterhalt. Mehr als 5 Mio. Urlauber muss der See pro Jahr verkraften. Kein Wunder, dass sich vor allem am breiteren Ostufer, das leichter zu bebauen ist, Hotel an Hotel und Campingplatz an Campingplatz reihen. Aber auch die alten Nobelorte im Westen und Norden drohen in der Saison aus allen Nähten zu platzen, und nur ein rigoroser Baustopp konnte verhindern, dass neben mittelalterlichen Kirchen gesichtslose Apartmenthäuser und Billigherbergen in den Himmel wachsen.

Glücklicherweise bewahrte sich das Hinterland seine bäuerliche Struktur; nur wenige Kilometer von den Ferienzentren entfernt, finden sich Weingärten, Obst- und Gemüsepflanzungen, Weizen- und Maisfelder. Lediglich der Anbau von Südfrüchten wie Zitronen spielt mittlerweile eher eine folkloristische als eine wirtschaftliche Rolle.

Während Verona neben Brescia die einzige Großstadt der Region, ein bedeutendes Handelszentrum und Umschlagplatz ist, lebt die Region Brescia von der metallverarbeitenden Industrie.

Die Menschen

Die Bevölkerung des Gardasees bildet eine homogene Gruppe, einzig den Bewohnern des Nordufers sagt man eine größere Behäbigkeit nach, die der jahrhundertelangen Herrschaft der Habsburger in dieser Region zugeschrieben wird. Zu Beginn des Tourismus-booms in den 1950er- und 1960er-Jahren kam es zu einem starken Zuzug von arbeitsuchenden Süditalienern. In den letzten zwei Jahrzehnten hat sich auch eine große Zahl von Immigranten aus dem südlichen Mittelmeerraum angesiedelt. Besonders Marokkaner sind heute als Arbeitskräfte im Hotel- und Gaststättengewerbe nicht mehr wegzudenken. Nicht zu unterschätzen ist ebenfalls die Zahl der Ausländer – besonders aus dem süddeutschen Raum –, die ihren Wohnsitz wegen des milden Klimas an den Lago di Garda verlegt haben.

Sonnenverwöhnte Trauben, bester Rohstoff für die süffigen Gardasee-Weine und Schaumweine

Geschichte im Überblick

Veneter, Räter und keltische Stämme bestimmten in den ersten zwei Jahrtausenden vor unserer Zeitrechnung die Geschicke, ehe die Römer in das Gardasee-Gebiet kamen.

191 v. Chr. Oberitalien wird zur römischen Provinz Gallia Cisalpina.

89 v. Chr. Verona erhält den Status einer römischen Kolonie.

59–49 v. Chr. Unter Caesars Statthalterschaft entwickelt sich Verona am Kreuzungspunkt strategisch bedeutsamer Verbindungsstraßen zu einem hochrangigen Handels- und Verwaltungszentrum.

395 n. Chr. Teilung des Römischen Reiches, Norditalien fällt an Westrom.

403 Die Westgoten unter Alarich belagern Verona.

452 Verona und die Po-Ebene werden von den Truppen des Hunnenkönigs Attila verwüstet.

476 Ende des Weströmischen Reiches. Der germanische Heerführer Odoaker erobert Italiens Norden.

493 Der König der Ostgoten, Theoderich der Große, besiegt Odoaker bei Ravenna.

568–773 Die Langobarden übernehmen die Macht in Oberitalien; Verona wird einer der bedeutendsten Bischofssitze.

774 Karl der Große erobert das Langobardenreich und gliedert es an das Frankenreich an; Karls Enkel Lothar I. regiert ab 817 in Italien.

911–962 Nach dem Ende der karolingischen Herrschaft reißen die sogenannten Nationalkönige, mächtige Provinzfürsten, die auch mit den Päpsten paktierten, die Macht in Italien an sich. Der deutsche König Otto I. erobert, zu Hilfe gerufen von Papst Johann XII., 962 erneut Oberitalien. Er lässt sich vom Papst zum Kaiser krönen und teilt Verona samt Gardasee Bayern zu.

Ende 10. Jh. Die reichen oberitalienischen Städte streben nach Autonomie von den kaiserlichen Beamten, es entstehen unabhängige Stadtrepubliken.

1163 Nach den vergeblichen Versuchen Friedrichs I. Barbarossa, über die lombardischen Städte Kontrolle zu erlangen, gründen diese die Veroneser Liga gegen den Kaiser, in der auch die Orte des Gardasees vertreten sind. Es kommt zur Bildung des lombardischen Bundes der oberitalienischen Städte, welcher sich mit der Veroneser Liga vereinigt.

1176 Die oberitalienischen Städte besiegen Friedrich I. Barbarossa bei Legnano. Im Frieden von Konstanz gesteht der Kaiser den Kommunen 1183 die Selbstverwaltung zu.

1236–1259 Ezzelino da Romano, Vertrauter Kaiser Friedrichs II., übernimmt die Herrschaft im durch Geschlechterfehden geschwächten Verona und erorbert 1258 Brescia.

Der Markuslöwe – Machtsymbol venezianischer Herrschaft

1277–1387 Die Herrschaft der kaisertreuen Scaliger verschafft Verona und dem Gardaseegebiet einen wirtschaftlichen Aufschwung.
1387–1405 Die Mailänder Visconti erobern die Herrschaft über Verona und den Gardasee.
1405–1521 Venedig erobert Brescia, Verona und den Gardasee.
1796 Napoleon nimmt die Lombardei und Venetien ein. Im Jahr darauf fallen im Frieden von Campoformio das westliche Gardaseeufer an die von Napoleon gegründete Cisalpinische Republik, das Ostufer und Verona an Österreich.
1805 Österreich verliert die neuen Besitzungen an Napoleon. Venetien fällt an Italien, das Trentino und Südtirol an Bayern.
1814–1815 Nach Napoleons endgültigem Sturz spricht der Wiener Kongress die Lombardei und Venetien wieder Österreich zu.
1848–1866 Die italienische Einigungsbewegung (Risorgimento) drängt auch mit Waffengewalt auf ein Ende der österreichischen Herrschaft. Nach Niederlagen in Schlachten gegen eine italienisch-französische Armee muss Wien die Lombardei und Venetien an das 1861 gegründete Königreich Italien abtreten. Das Trentino mit Riva verbleibt bei Österreich.
1919 Nach dem Ersten Weltkrieg verliert Österreich im Frieden von Saint-Germain auch das nördliche Gardaseeufer, Trient und Südtirol.
1943–1945 Nach der Landung der Alliierten und dem Sturz Benito Mussolinis zieht sich der faschistische Diktator an den Gardasee zurück und gründet die »Republik von Salò«.
1946 Italien wird Republik.
1996 Das Mitte-Links-Bündnis Ulivo gewinnt die Parlamentswahlen gegen Silvio Berlusconis geführte Koalition der Rechten.
2001 59. Nachkriegsregierung, eine rechtskonservative Koalition aus Berlusconis Forza Italia, Allianza Nazionale und Lega Nord.
2006 Die Mitte-Links-Koalition unter Romano Prodi gewinnt knapp die Parlamentswahlen.
2008 Nach einem Zerwürfnis der Regierung Prodi wird Silvio Berlusconi zum dritten Mal zum Ministerpräsidenten gewählt.
2009 Das Verfassungsgericht kippt ein umstrittenes Immunitätsgesetz, das hohe Staatsämter vor Strafverfolgung schützt.
2011 Am 11. November tritt Italiens umstrittener Ministerpräsident Silvio Berlusconi zurück.
2013 Neues Regierungsbündnis unter Ministerpräsident Enrico Letta von der Demokratischen Partei mit Berlusconis PDL (aber ohne ihn) und der Zentrumspartei Montis.

Natur & Umwelt

Der Gardasee und sein Umland bieten eine einzigartige Fauna und Flora. Um diese zu schützen, wurden einige Naturschutzparks eingerichtet. Besonders der Monte Baldo mit seinen drei Naturreservaten und der Colma di Malcesine sind weltweit einzigartige Biotope. Über 600 Blumen- und Pflanzenarten gedeihen hier: Orchideen, Trollblumen, aber auch Kerners Schmuckblume *(Callianthenum kernianum)*, die nur hier vorkommt. In den Wäldern finden Hasen und Füchse, in höheren Lagen auch Murmeltiere und weitere, vom Aussterben bedrohte Tierarten einen idealen Lebensraum. Die Hochgebirgslandschaft auf der Brescianer Seite unterliegt durch die strengen Statuten des Parco Regionale di Alto Brescia besonderem Schutz.

Entlang des Seeufers findet man, durch das milde Klima bedingt, eine Flora, die an südlichere Regionen erinnert: Agaven und Palmen gedeihen hier und auch andere Exoten wie Mimosen und Oleander.

Nachdem zu Beginn der 1990er-Jahre die Verschmutzung des Gardasees gefährliche Ausmaße angenommen hatte, konnte aber die Wasserqualität durch die Inbetriebnahme einer Ringkläranlage drastisch verbessert werden. Seitdem ist das Baden im See unbedenklich, und auch um die reichen Fischbestände muss man keine Sorgen mehr haben: Neben den Gardasee-Forellen tummeln sich Barsche, Schleien, Barben, Aale, Karpfen und vor allem Weißfische im See.

Kunst & Kultur

Pfahlbauten und antike Denkmäler

Unter dem Einfluss vieler Herren – keltische Stämme, Etrusker, Römer, Ostgoten, Langobarden, Franken, Scaliger und Veneter – ist im Gardaseegebiet eine der vielfältigsten Kulturlandschaften Europas entstanden. Wer sich auf prähistorische Spurensuche begeben will, der erkundet die **Felszeichnungen** am Monte Luppia › **S. 63** oder die – auch im Museum liebevoll dokumentierten – **Pfahlbauten** am Lago di Ledro › **S. 54**.

Architektonische Überreste aus der Römerzeit, z. B. eine **Badevilla** mit prächtigen Mosaiken in Desenzano del Garda › **S. 96**, eine **Thermenanlage** in Sirmione (»Grotten des Catull«, › **S. 93**) und die um 50 n. Chr. errichtete **Arena di Verona** › **S. 126** lassen die Antike lebendig werden.

Kirchen, Paläste und Villen

Auch für Liebhaber mittelalterlicher Kunst, sei es Architektur, Malerei oder Plastik, ist das Gardaseegebiet eine wahre Fundgrube: Schönste Beispiele der Romanik sind die Kirchen San Pietro in Mavino in Sirmione (ursprünglich aus dem 8. Jh.), Santa Maria in Cisano (8.–12. Jh.), San Severo in Bardolino (11./12. Jh.), San Nicolò in Lazise (12. Jh.) sowie **San Zeno Maggiore** in Verona › **S. 131**, das in seiner Stilreinheit einmalige Gotteshaus dieser Epoche in Oberitalien.

Aus der Übergangszeit von der Romanik zur Gotik stammen der Palazzo del Comune (um 1190) und der Dom Santa Maria Matricolare (1139–1184), beide ebenfalls in Verona.

Der **Dom von Salò** (1453–1502, › **S. 85**) und die Kirche **San Francesco** (13. Jh.) in Gargnano › **S. 78** sind exemplarische Baukunstwerke der Hochgotik am Lago. Die Renaissance erlebte gerade in Verona eine Hochblüte, Architekten wie Michele Sanmicheli und Fra Giocondo führten diesen Stil zu unerreichter Meisterschaft, wie das Portal des Domes von Salò, die Kirche San Giovanni Battista (15./16. Jh.) in Magugnano (Brenzone), Santa Maria dei Miracoli (1486) in Brescia und die Loggia del Consiglio (1485–1492) in Verona eindrucksvoll beweisen.

Berühmtes Amphitheater: Arena di Verona

Zu den wenigen Baudenkmälern des Barock zählen die Pfarrkirchen von Limone und Riva.

Die Architektur des Historismus und des »Style Liberty«, der italienischen Spielart des Jugendstils, ist besonders eindrucksvoll im Kurort Gardone Riviera › **S. 82** in seinen Hotelbauten und Villen vertreten.

Kunst und Kuriositäten

Viele Museen können mit kulturhistorischen Leckerbissen aufwarten: In Veronas **Museo di Castelvecchio** › **S. 131** präsentiert sich die Malerelite der venezianischen und der Veroneser Schule, das **Museo Civico** von **Riva** › **S. 49** verfügt über eine bedeutende Bildersammlung des als »Maler des Hochgebirges« bekannt gewordenen Giovanni Segantini (19. Jh.).

Skurril ist schließlich die Kuriositätenkollektion des Dichters Gabriele d'Annunzio in dem pompösen Monument **Vittoriale degli Italiani** in Gardone Riviera › **S. 84**.

Feste & Veranstaltungen

Zum Kulturangebot gehören auch die zahlreichen kirchlichen und weltlichen Festivitäten. Im Sommer gibt es rund um den Gardasee so manche *festa del ospite*, Dorffeste, bei denen die Touristen herzlich willkommen sind. Informationen zu Veranstaltungen und Terminen findet man unter www.gardasee.de.

Festkalender

Februar: Großer Karneval von Arco, der um den **Faschingssonntag** mit Umzügen und buntem Maskentreiben seinen Höhepunkt erreicht.

15. Februar: Festa dei Santi Faustina e Giovita. Zum Patronatsfest der beiden Heiligen findet im Stadtzentrum von Brescia ein großer Markt statt. Prozessionen begleiten den Feiertag, und zur späteren Abendstunde findet ein Feuerwerk statt.

März: Festa di mezza quaresima in Limone: Etwa drei Wochen vor Ostern wird die Fastenzeit zur »Halbzeit« für einen Tag unterbrochen. Fleisch bleibt weiterhin tabu, dafür gibt es – gratis – Fisch, inbesondere frittierte Sardinen.

April: Karfreitagsprozessionen. Nirgendwo anders kommen die Traditionen des italienischen Katholizismus eindrucksvoller zum Ausdruck. In den Dörfern Castelletto di Brenzone und Biazza, wenige Kilometer südlich von Malcesine, wird die Leidensgeschichte Christi von Laienspielern in mit Fackeln beleuchteten Olivenhainen szenisch dargestellt.

Ostern: Pasqua Musicale Arcense. Österliches Konzertfestival in Arco. Informationen: APT › **S. 52**, www.gardatrentino.it

Ostern–Oktober: Konzertsaison auf der Scaligerburg und im Palazzo dei Capitani in Malcesine mit vorwiegend klassischer Musik. Infos: Istituzione Malcesine Più, Museo Castello Scaligero, www.malcesinepiu.org Tel./Fax 045 657 03 33.

Mai: San Filippo Neri. Mit einem **Lichterfest am See** ehren die Bewohner von Torri del Benaco am 26. Mai ihren Schutzheiligen. Als spektakulärer Höhepunkt wird auf dem See ein Boot in Brand gesteckt und man entzündet unzählige schwimmende Kerzen.

Juni–September: Sommerkonzerte im Pavese-Park in Torbole sul Garda. **Klassik- und Jazzkonzerte** sowie Abende mit Unterhaltungsmusik. Infos bei APT › **S. 55**.

Mitte Juni–Mitte September: Klassische Musik in Sirmione. Informationen: IAT › **S. 94**.

Juli: Festa del Pesciolino. Hoch her geht es an einem Sommerwochenende in Limone. Auf der Piazza Garibaldi gibt es gratis leckeren Fisch und Weißwein. Infos zum jeweils genauen Datum unter www.limone.it.

2. Julihälfte: Musica Riva. Das Festival ist eine Begegnungsstätte junger Musiker und Sänger mit international anerkannten Künstlern. Neben Meisterkursen wird ein interessantes Konzertprogramm angeboten. Infor-

Feuchtfröhliches Weinfest in Bardolino

mationen: Musica Riva, Viale della Liberazione, 38066 Riva del Garda, Tel. 0464 55 40 73, www.musicariva festival.com.

22. Juli: **Fiera S. Maria Maddalena.** Großer Flohmarkt am Seeufer von Torbole zu Ehren der Schutzpatronin.

26. Juli: **Festa di Sant'Anna.** Den Festtag zu Ehren der Schutzheiligen von Malcesine schließt ein Riesenfeuerwerk ab.

Ende Juli/Anfang August: **Estate Musicale.** Konzerte mit klassischer Musik in Salò.

11. August: **Festa di Sant'Ercolano** Fest des Stadtheiligen mit Feuerwerk in Toscolano-Maderno.

15. August: **Palio delle contrade**, beim großen Ruderwettkampf messen sich die Bewohner der einzelnen Stadtteile von Garda. **Notte d'Incanto.** In einer stimmungsvollen Nacht um den 15. August erleuchten **1000 Lichter** den Hafen von Desenzano del Garda.

Juli/August: **Opernfestspiele** in Verona. Von allen größeren Orten werden Busfahrten zu den Aufführungen veranstaltet, die Eintrittskarten sind meist im Preis inbegriffen. Veranstaltungen mit Stars à la Netrebko sind jedoch Wochen im Voraus restlos ausverkauft. Infos: › **Special S. 128.** **Drodesera-Festival. Modernes Tanztheater** erlebt man im Rahmen des Trentino-Festivals in der romantischen Altstadt von Dro bei Riva. Infos: APT › **S. 49** und www.centralefies.it.

Ende August: **Festa dell'Ospite.** Regatten und Feuerwerk verschönern Ende August den Aufenthalt in Salò. Auch in Malcesine findet Unterhaltung mit Tanz und Gesang statt. Bei der **Notte di Fiaba** (29.–31. Aug.) in Riva del Garda, treten die Stadtteile gegeneinander an.

September: Bei der **Sagra dei Osei** in Cisano bei Bardolino am ersten September-Wochenende pfeifen und tirilieren Sänger mit den ausgestellten Vögeln um die Wette.

Oktober: **Festa dell'uva.** Das traditionelle Weinfest feiert man am ersten Wochenende im Oktober in Bardolino.

Essen & Trinken

Regionale Spezialitäten

Ein harmonischer Dreiklang herrscht nicht nur in der Regionalpolitik, sondern auch in Küche und Keller. Wer sich die Mühe macht, ein wenig ins Hinterland vorzudringen, der wird eine faszinierende kulinarische Landschaft entdecken. Mit deftigen Spezialitäten wie *carne salada e fagioli* (gepökeltes Rindfleisch mit Bohnen) oder *pancetta con polenta* (Bauchspeck mit Mais-Polenta) trumpft das gebirgige Trentino auf. Am Veroneser Ostufer ist Venetien mit *risotti* (Reisgerichten) in allen möglichen Variationen vertreten, während sich die lombardische Kochkunst im Westen mit in Wein geschmortem *ossobuco* (Kalbshaxe) oder *cotoletta alla Milanese* (Original des zu Weltruhm gelangten Wiener Schnitzels) präsentiert.

Zum kulinarischen Standardrepertoire gehört natürlich Fisch: *Carpione,* die sündteure Gardasee-Forelle, fangfrisch in der Pfanne ausgebraten, sollte sich keiner entgehen lassen. Ganz köstlich munden als *antipasti* auch *alborelle* (kleine frittierte Sardinen).

Erst-klassig

Ein kulinarischer Wegweiser zur italienischen Regionalküche ist der Führer **Osterie d'Italia,** der schwerpunktmäßig Familienbetriebe verzeichnet (Gräfe & Unzer, 2013/2014).

Gourmettempel findet man auch unter www.veronelli.com (Restaurant- und Hotelführer).

Antipasto, erster Gang des klassischen italienischen Menüs

Die Speisenfolge

Ein *antipasto* (kalte oder warme Vorspeise) eröffnet traditionsgemäß ein italienisches Menü, gefolgt vom *primo piatto* (entweder *pasta* – Teigwaren – oder *risotto* – Reis). Solcherart gesättigt, fällt der Hauptgang *(secondo piatto)* klein, aber fein aus: Fleisch, Fisch oder Meeresfrüchte, gegrillt, frittiert oder gebraten (nur selten gekocht), dazu Gemüse beziehungsweise Salat. Weißbrot ist pauschal im obligaten Preis fürs Gedeck *(coperto)* enthalten.

Auch wenn Obst als Nachtisch *(dolci)* üblich ist, lauert die Verführung zu süßen Sünden überall: Die kalorienträchtige Palette reicht vom *tiramisù* bis zu allerlei Kuchen wie der *torta al cioccolato con zabaione cotto* – Schokoladentorte mit »gekochter« Zabaione (Eierflip).

Wein, wie ihn Roms Kaiser liebten

Über die Güte der Trauben auf den Hügeln rund um den Gardasee wussten bereits die alten Römer Weinseliges zu dichten. Niemand Geringerer als ihr großer Poet Vergil (70–19 v. Chr.) rühmte in wohlgesetzten Versen den »Rhaeticus«, den Lieblingstropfen von Kaiser Augustus.

Außerordentlich beliebt sind heute die Weine aus der südlich von Sirmione kultivierten Trebbiano-Traube, aus der auf dem geschichtsträchtigen Boden von Custoza › **S. 106** ein gleichnamiger trockener Weißer gewonnen wird. Der ebenfalls trockene weiße Lugana stammt vom Süd- und Südwestufer des Sees.

Als Klassiker unter den Roten des Gardasees gilt unangefochten der purpurfarbene Bardolino, den man in allen Qualitätsstufen bei einer Winzertour auf der ausgeschilderten Weinstraße › **S. 68** im Hinterland des Südostufers verkosten und auch erstehen kann.

Ein leichter, spritziger Rosé, der Chiaretto, wächst im lieblichen Valtenesi-Gebiet im Norden von Desenzano del Garda. Erwähnenswert sind auch der schwere Weiße namens Tocai del Garda und der Recioto aus dem Valpolicella.

Die besten Restaurants

Erst-! klassig

- Eines der besten Fischlokale am Gardasee ist ohne Zweifel das **Restel de Fer** in Riva del Garda. › **S. 50**
- Im **Pié di Castello** bei Riva kann man traditionelle Gerichte des Trentino genießen, die fast ausgestorben sind, wie z. B. *carne salada*. › **S. 50**
- In der **Taverna dei Capitani** in Malcesine werden noch typische Gerichte zubereitet, wie sie die Fischer einst aßen, so z. B. mit Fisch gefüllte Ravioli. › **S. 59**
- Fleisch direkt vom Grill ist die Spezialität der **Trattoria La Sosta** in Toscolano-Maderno. › **S. 81**
- In Salò kocht man in der **Antica Trattoria alle Rose** genauso gut und bodenständig wie einst zu Hause die Nonna. › **S. 87**
- Was Paul Bocuse für Frankreich, ist Gualtiero Marchesi für Italien. Im **L'Albereta** in Erbusco kann man die Kreativität des Altmeisters kennenlernen. Reservieren! › **S. 120**

Urlauber schätzen den
bodenständigen Charme von
Riva am nördlichen Seeufer

TOP-TOUREN AM GARDASEE

Das Nord- und Ostufer

Das Beste!

- **Bei Arco** den Freeclimbern zusehen › S. 52
- **Das einzigartige Naturschauspiel** des Varone-Wasserfalls bestaunen › S. 52
- **Im Pfahlbau-Museum** Museo delle Palafitte del Lago di Ledro der Vorgeschichte nachspüren › S. 54
- **In der eindrucksvollen Scaligerburg** von Malcesine auf Goethes Spuren wandeln › S. 57
- **Die Frühlingsblüte** auf dem Monte Baldo erleben › S. 60

Das elegante Riva mit seinem Hinterland und das Surferparadies Torbole sind die Highlights des Nordufers. An der Gardesana Orientale, der Ostuferstraße, reihen sich bezaubernde Orte.

Das **Nordufer** mit Riva del Garda und seinem Umland ist heute Teil der Region Trentino-Alto Adige, während der größte Teil des Ostufers zum Veneto gehört. Die Österreicher, die bis zum Jahr 1919 Herren im Trentino waren, prägten auch die Kunst dieser Gegend. Vor allem **Riva del Garda** und **Arco** haben noch etwas vom Charme der einstigen k. u. k. Monarchie, im Gegensatz zu den »italienischer« wirkenden Orten am Ostufer, die sich nach Verona beziehungsweise Venedig hin orientierten.

Kulturinteressierte finden am Nordufer mit den Pfahlbauten am **Ledro-See** und den zahlreichen trutzigen Festungen aus dem Mittelalter eine Fülle interessanter Anziehungspunkte.

Riviera degli Olivi wird das **Ostufer** des Gardasees oft genannt – landschaftlich ist es aber zweigeteilt. Im nördlichen Abschnitt setzt der bis 2200 m hohe, gut wanderbare Höhenzug des Monte Baldo der Besiedlung am Ostufer enge Grenzen. Die malerischen Orte am See und ihre Hotels ziehen sich an seinen Hängen hinauf. Die wunderschöne Aussicht auf das alpine Landschaftsbild mit dem See im Vordergrund ist es auch, was ihren besonderen Reiz ausmacht, wie schon Goethe seinerzeit befand. Für üppige Badestrände ist an der schmalen Uferzone allerdings nur wenig Platz. Die Aktivitäten spielen sich deshalb mehr auf dem See ab. Aufgrund der besonderen Winde ist der nördlichste Abschnitt bei Torbole ein Paradies der Surfer und Segler. Dementsprechend finden sich hier die meisten Surfstationen.

Malerisches Malcesine am Ostufer

Ganz anders weiter südlich – dort wo sich der Gardasee weitet, dominieren sanfte, von Reben und Olivenhainen bedeckte Hügel die Landschaft: Bardolino-Land. Wer kennt nicht den um den Gardasee herum oft getrunkenen leichten, süffigen Wein! Die quirligen Ferienorte Garda, Bardolino und Lazise locken viele Badeurlauber an ihre Strände und an ihre bezaubernden, von Palmen, Bars, Cafés und Trattorien gesäumten Uferpromenaden. Nur wenige Autominuten hinter den Hügeln laden Weingüter und Ölmühlen zu Genusstouren ein. Die Strada del Vino mit ihren hübschen Weinorten reicht von Torri del Benaco bis nach Valleggio sul Mincio.

Beide Abschnitte des Ostufers verbindet die Uferstraße Gardesana Orientale, 1926 fertiggestellt. Sie ist nicht ganz so abenteuerlich wie das Pendant am Westufer, aber heute eine der meistbefahrenen und besonders staugeplagten Straßen der Region.

Touren in der Region

Tour 4 Mittelalter an der Riviera degli Olivi

Tour-Übersicht:

Verlauf: **Lazise › Bardolino › Garda › Torri del Benaco › Brenzone › Malcesine › Arco › Riva del Garda**

Dauer: 2 Tage, 70 km

Praktische Hinweise:

- Vorzugsweise nimmt man für diese Tour das Auto.
- Alternativ, vor allem in der Hochsaison, wenn kilometerlange Staus die Gardesana verstopfen, kann man auch mit dem Schiff › **S. 20** und/oder Linienbus › **S. 20** reisen, was jedoch einen größeren organisatorischen und zeitlichen Aufwand bedeutet.

Tour-Start:

Der ersten der zahlreichen Burgen, die die Veroneser Herrscher, die Scaliger, im 14. Jh. am Ostufer des Sees errichteten, begegnet man in **Lazise** › **S. 69**, dem Startpunkt der Reise durch das Mittelalter. Nach dem Besuch der Burg und der romanischen Kirche San Nicolo geht es am Vormittag weiter in Richtung Norden über die Gardesana ins nahe ***Bardolino** › **S. 67**. Der beliebte Ferienort beherbergt San Severo, die bedeutendste Kirche des Mittelalters am See, und die noch ältere Kapelle San Zeno aus der Zeit der Karolinger. Nach deren Besichtigung und einer Stärkung in einer der zahlreichen Bars am Hafen fährt man am Nachmittag weiter ins knapp 5 km entfernte ***Garda** › **S. 65**. Direkt am Ortseingang erhebt sich Santa Maria Maggiore mit spätmittelalterlichem Kreuzgang. Oberhalb der Stadt lohnen im Anschluss die Festungsruinen der Rocca, die auf die Zeit der Goten im 6. Jh. zurückgeht, eine Besichtigung.

Nach der Übernachtung in Garda geht die Fahrt am nächsten Tag auf der Gardesana weiter nach ***Torri del Benaco** › **S. 61**, dessen Scaligerburg mit einem interessanten Museum aufwartet. Der weitere Weg in Richtung Malcesine führt über die Streugemeinde **Brenzone.** Zu ihren 16 Ortsteilen gehören Castelletto › **S. 61** mit der Friedhofskirche San Zeno und das etwa 5 km vor Malcesine gelegene Assenza › **S. 60**, in dem die Kirche San Nicola liegt. Sehenswert sind in beiden Gotteshäusern die Freskenreste aus der Romanik.

In ***Malcesine** › **S. 57** wartet dann am frühen Nachmittag nach einer Erfrischung in einem der Cafés am Hafen die mächtige Scaligerburg, bevor es ganz in den Norden des Sees, ins 6 km nördlich von Riva entfernte ***Arco** › **S. 52** geht, dessen mittelalterliche Burgruine auf einem Felsen über dem hübschen Städtchen thront. Den Tag sollte man in ****Riva del Garda** › **S. 48** auf der *Piazza 3 Novembre mit ihren mittelalterlichen Bauten genüsslich bei einem Abendessen ausklingen lassen.

Tour 5 Tageswanderung auf dem Monte Baldo

Tour-Übersicht:

Verlauf: Malcesine › Monte Baldo › Malcesine

Dauer: Tagestour, ca. 6,5 Std.

Praktische Hinweise:

- Festes Schuhwerk ist unerlässlich.
- Genügend Trinkflüssigkeit mitnehmen!
- Ungeübte können die Tour abkürzen, indem sie nur bis zur Bocca di Navene (ca. 45 Min.) oder zur Bocca di Creer (ca. 1,5 Std.) laufen.

Tour-Start:

Von der **Talstation** in *Malcesine › **S. 60** fährt man mit der Seilbahn zur Bergstation an der **Bocca di Tratto Spino** (1720 m) hinauf. Hier wendet man sich nach Norden (links) und überquert die Almwiese der Colma di Malcesine, an deren Ende einem der See zu Füßen liegt – mit dem Blick auf die Berge des Trentino. Ein Pfad schwenkt nach rechts und führt hangabwärts auf die Schotterpiste zur **Bocca di Navene** (1425 m) mit dem gleichnamigen Gasthaus, die man nach ca. 45 Minuten von der Seilbahnstation aus erreicht. Der Wanderweg zur **Bocca di Creer** (1617 m) verläuft parallel

Per Drehgondel auf den Monte Baldo

zur Asphaltstraße. In weiteren 45 Minuten erreicht man das **Rifugio Graziani**, wo man einkehren kann. Von dort führt ein alter Fahrweg in Serpentinen in ca. 1 Std. hinauf zum **Monte Altissimo** (2079 m). Die Mühe des Aufstiegs wird mit einem unvergleichlichen Panorama belohnt, das man bei einer Stärkung im **Rifugio Damiano Chiesa** genießen kann.

Für den Rückweg läuft man die Serpentinenstraße hinunter, bis man in der ersten Kurve rechts auf den Weg 651 (markiert) gelangt, der zur **Bocca di Navene** zurückführt. Von dort bietet sich die Schotterpiste hinauf zur Seilbahnstation als angenehmer Rückweg an.

Tour 6 Ein Tag auf Goethes Spuren

Tour-Übersicht:

Verlauf: Torbole › Malcesine › Bardolino › Torbole

Dauer: 1 Tag, 90 km

0
10km
N
Madonna di Campiglio
Cologna
Trentino
Dosso d. Croce
1869
Darzo
Lodrone
Bagolino
P.te Caffaro
Storo
P.so d'Ampola
Val d'Ampola
Val di Ledro
Lago di Ledro
Pieve di Ledro
Mezzolago
Molina di Ledro
Biacesa
Pre di Ledro
Riva del Garda
Casc. d. Varone
Arco
45bis
240d
M. Brione
376
Nago
Torbole
Monte Tremalzo
1974
Valle di Bondo
Limone sul Garda
Monte Altissimo
2079
1425
Bocca di Navene
Bocca di Creer
1617
1720
Bocca di Tratto Spino
Malcesine
Parco dell' Alto Garda Bresciano
Vesio
Voltino
Tremosine
Pieve
Campione del Garda
Mad. d. Monte Castello
Tignale
Gardola
Isola Trimelone
Cassone
Assenza
Monte Baldo
Monte Maggiore
2200
Trento
S. Antonio
Anfo
Lago d'Idro
Armo
Vico
Capovalle
Idro
Lemprato
Lago d'Iseo
Lago di Valvestino
Lombardia
Val di Sur
Monte Spino
1486
1582
Monte Pizzocolo
Valle Toscolano
Muslone
Gargnano
Liano
Bogliaco
Lago di Garda
Brenzone
Castelletto di Brenzone
Madonna della Corona
Prada alta
Spiazzi
Vobarno
Gaino
45bis
S.Michele
Serniga
Monte S. Bartolomeo
568
Toscolano-Maderno
Gardone Riviera
Veneto
S. Zeno di Montagna
Monte Belpo
884
12
A22
Salò
Torri d. Benaco
Albisano
Caprino Veronese
M. Luppia
418
Costermano
S. Felice del Benaco
Isola del Garda
Rocca di Manerba
Punta S. Vigilio
Garda
Eremo
Pieve Vecchia
Polpenazze del Garda
572
Montinelle
Affi
Castrezzone
Manerba del Garda
Bardolino
Cavaion Veronese
Soiano del Lago
Padenghe sul Garda
Moniga del Garda
Cisano
Calmasino
12
Adige
S. Pietro in Cariano
Lazise
Sirmione
Maguzzano
Desenzano del Garda
Caneva World
Parco Natura Vita
Lonato
11
450
A22
Rivoltella
Gardaland
Peschiera d. Garda
Palazzolo
Brescia
A4
11
Castelnuovo del Garda
Verona
A4
Castiglione d. Stiviere
Pozzolengo
Minci
Mantova
Verona

› Karte
S. 46

Praktische Hinweise:

- Die Strecke Torbole–Malcesine–Bardolino fährt man mit dem Boot › S. 20. In Torbole ab 9.30, Weiterfahrt nach Bardolino um 14.40 Uhr.
- Für die Rückkehr von Bardolino nach Torbole kann man mit Bussen der Autolinea 162 (ATV) fahren, die fast alle Orte am Ostufer mehrmals tgl. bedient; der letzte Bus am Tag verlässt Bardolino um ca. 19.54 Uhr.

Tour-Start:

Der Weimarer Dichterfürst machte auf seiner literarisch verewigten Italienreise Halt am Gardasee. Am 12. September 1786 kam der Dichter in **Torbole** › S. 55 an. Am nächsten Tag wollte er per Segelschiff weiter nach Verona reisen, landete aufgrund des Wetters jedoch in ***Malcesine** › S. 57. Den Aufenthalt dort wird der Dichter so schnell nicht vergessen haben, wurde er doch unter dem Verdacht, ein Spion der feindlichen Österreicher zu sein, festgehalten. Wieder auf freiem Fuß, reiste Goethe noch in der Nacht weiter nach Bardolino.

Heute reist man bequem mit dem Linienboot in einer guten Stunde von Torbole nach Malcesine. Nach der Besichtigung der Burg bleibt noch Zeit für einen Besuch des Goethe-Museums, einen Stadtbummel und ein Mittagessen.

Am Nachmittag geht es per Schiff weiter nach ***Bardolino** › S. 67, wo man nach gut 1,5 Stunden Fahrt ankommt. Ob Goethe den berühmten Wein der Gegend probiert hat, ist nicht bekannt, doch heute lädt die bezaubernde Osteria »Giardino delle Esperidi« › S. 68 zur Verkostung des guten Tropfens ein. Die Fahrt von Bardolino mit dem Bus zurück nach Torbole dauert nur eine gute halbe Stunde. Am Abend sollten Sie sich dann den Genuss einer Forelle gönnen, deren Geschmack schon Goethe in seiner berühmten »Italienischen Reise« gepriesen hat.

› Karte S. 46

Unterwegs am Nordufer

1 **Riva del Garda 1

Tradition und Eleganz prägen das 14 000-Einwohner-Städtchen am Nordende des Sees, wo sich im türkis schimmernden Wasser die steilen Ausläufer der Alpen spiegeln. Die Gegend, die schon Goethe als ein »Wunderwerk der Natur« beschrieb, lockte seit je Dichter und Denker, unter ihnen Stendhal, Nietzsche, Kafka und Thomas Mann, in die Stadt.

Aber auch an Riva sind die Jahrhunderte nicht spurlos vorbeigegangen. Der mittelalterliche Kern mit Mauern, Stadttoren, Türmen und Wallgräben wurde durch Umbauten und Erweiterungen verändert, glücklicherweise haben sich jedoch in der Altstadt sehenswerte Zeugen der Vergangenheit erhalten.

Die trutzige Rocca von Riva – heute Zentrum des kulturellen Lebens

Ausgangspunkt ist die ***Piazza 3 Novembre**, die sich, von den steilen Wänden des Monte Rocchetta (1540 m) überragt, gegen den See und den Hafen mit seinen bunten Segelbooten öffnet. Auf der anderen Seite wird der Platz von Bauten im venezianisch-lombardischen Stil mit schattigen Laubengängen aus dem14. Jh. und dem ursprünglich zur Stadtmauer gehörenden 34 m hohen Uhrturm **Torre Apponale** begrenzt. Zu diesem Ensemble gehört auch der **Palazzo Municipale** (Rathaus, 15. Jh.), der durch die Porta Bruciata mit dem **Palazzo Pretorio** (14. Jh.) verbunden ist. Beide Fassaden zieren die Wappen der Bischöfe von Trient. Die Piazza mit ihren hübschen Cafés, Restaurants und Geschäften hat sich zum Freiluftsalon der Stadt entwickelt; hier beginnt die Flaniermeile entlang des Sees und durch die schmalen Gässchen.

Durch die Via Andrea Maffei mit ihren alten Palästen gelangt man zur **Piazza delle Erbe** mit der hübschen Marktloggia und zur Piazza Garibaldi, wo man die Stadtburg ***Rocca** erblickt. Das an drei Seiten von einem Kanal und an der vierten vom See umschlossene Kastell stammt von 1124 und hat zahlreiche

Umbauten durch die Scaliger, Venezianer und Tridentiner Bischöfe hinter sich. Die Österreicher ließen es als Kaserne verkommen. Heute beherbergt der restaurierte Bau neben der Stadtbibliothek und einem Konzertsaal das Stadtmuseum **Museo Civico,** in dem man u. a. die prähistorischen Funde aus den Pfahlbausiedlungen am Lago di Ledro › **S. 54** besichtigen kann sowie Werke der italienischen Malerei des 16. bis 20. Jhs. Dem in Arco geborenen Künstler Giovanni Segantini (1858–1899) ist ein eigener Saal gewidmet (Piazza C. Battisti 3/A, Tel. 0464 57 38 69, www.museoaltogarda.it, Juli–Sept. tgl. 10–18 Uhr, sonst März–Nov. Mo geschl.).

Der mächtige Barockbau der Pfarrkirche **Santa Maria Assunta** (Piazza Cavour) stammt aus dem 18. Jh. Besonders beeindruckend ist die achteckige Cappella del Suffragio mit ihrem überbordenden Stuck (3. Kapelle rechts).

Die ***Chiesa dell'Inviolata,** zu der man durch das zinnengekrönte Stadttor San Michele am Ende der Viale Roma gelangt, wurde 1603 von einem portugiesischen Architekten errichtet. Der von außen fast schmucklos wirkende Bau überrascht im Inneren mit einem überwältigenden barocken Formenreichtum.

Info

APT

- Largo Medaglie d'Oro al Valor
- Militare 5
- Tel. 0464 55 44 44
- www.gardatrentino.it

Hotels

Sole ●●●

Schon Friedrich Nietzsche schätzte einst den Komfort des Traditionshauses; der Speisesaal bietet einen wunderbaren Blick auf den See.

- Piazza 3 Novembre 35
- Tel. 0464 55 26 86
- www.hotelsole.criva.it

Residence Bellavista ●●●

Direkt am Stadtpark gelegen; man kann hier auch für längere Zeit Ferienwohnungen mieten.

- Piazza Cesare Battisti 7
- Tel. 0464 55 42 71
- www.bellavistariva.it
- ganzjährig geöffnet

Centrale ●●

Sich wie ein venezianischer Adliger fühlen, das kann man in diesem 1375 erbauten Palazzo. Herrlicher Blick auf den Hafen.

- Piazza 3 Novembre 27
- Tel. 0464 55 23 44
- www.hotelcentralegarda.it

Appartamenti Bastione ●–●●

Preisgünstige, zweckmäßig eingerichtete Ferienwohnungen für 2–4 Personen.

- Via Bastione 17
- Tel. 347 753 44 71
- www.appartamentibastione.com

Albergo Ancora ●

Gepflegtes Altstadthotel in der Fußgängerzone nahe der Porta San Michele; gutes Restaurant.

- Viale Dante 47
- Tel. 0464 56 70 99
- www.rivadelgarda.it/ancora/ita

› Karte S. 46

Jugendherberge

Ostello della Gioventù »Benacus«

Direkt neben der Kirche Santa Maria Assunta.

- Piazza Cavour 10
- Tel. 0464 55 49 11
- www.ostelloriva.com
- Nur Mitte März–Ende Okt. geöffnet

Restaurants

Restel de Fer ●●●

Erst-klassig

Küchenchef Alfred Lageder und sein Team verwenden für ihre Kreationen saisonale, biologisch erzeugte Zutaten, aus denen sie nach traditionellen Rezepten wahre Gaumenfreuden zaubern.

- Via Restel de Fer 10
- Tel. 0464 55 34 81
- www.resteldefer.com
- Di geschl.

Al Volt ●●

Im Keller eines Palazzo aus dem 17. Jh. findet sich das elegante Restaurant, in dem neben Fischspezialitäten auch Wild serviert wird.

- Via Fiume 73
- Tel. 0464 55 25 70
- www.ristorantealvolt.com
- Mo geschl.

Trattorietta La Montanara ●

Deftige Trentiner Küche an Holztischen mit karierten Decken, beliebt bei den Einheimischen, deshalb frühzeitig kommen!

- Via Montanara 11
- Tel. 0464 55 48 57
- Mi geschl.

Trattoria Pié di Castello ●

Erst-klas

Seit über 100 Jahren von der Familie Benini geführte Trattoria, 4 km von Riva entfernt. Berühmt für ihr *carne salada* (gesalzenes Fleisch) und die herrliche *pasta*.

- Via al Cingol Ros 38
- 38060 Cologna di Tenno
- Tel. 0464 52 10 65
- www.piedicastello.it
- Di geschl.

Pizzeria Bella Napoli ●

Beliebt vor allem bei jungen Leuten: Riesige, günstige und für viele die besten Pizze der Stadt, schöner Garten.

- Via A. Diaz 29
- Tel. 0464 55 21 39
- März–Okt., Mi geschl.

Cafés

Caffè Italia

Beliebter Treffpunkt bei jungen Leuten, die hier bei einem Aperitivo zusammenkommen.

- Piazza Cavour 8

Bar Pasticceria Maroni

Traditionsreiches Lokal, während der Saison häufig Livemusik.

- Via Santa Maria 2

Bar Café Gelateria Flora

Die Riesen-Eisbecher mit allen nur erdenklichen Sorten sind nahezu legendär.

- Viale Rovereto 54

Nightlife

Maracaibo

Einzige Disko im Ort, die mit House- und Dancemusik einheizt. Do–Sa 23–4 Uhr.

- Via Monte Oro 14

Pub all'Oca

In-Lokal der Stadt, das nicht nur von den Schönen und Betuchten Rivas gerne besucht wird, um beispielsweise auf den gemütlichen Ledersofas den Tag ausklingen zu lassen.

- Via S. Maria 9
- Tgl. 17.30–2 Uhr

New History Jungle Pub
Cocktails für jeden Geschmack lassen hier Lounge-Atmosphäre aufkommen.

- Via Montanara 6
- 18–2 Uhr, Di geschl.

Shopping

Cantina Frantoio
Hervorragende Einkaufsmöglichkeit für Wein, Olivenöl u.v.m. Die »Weintankstellen« sind einfach klasse!

- Loc. S. Nazzaro 4 (an der Hauptstraße von Riva nach Arco)
- Tel. 0464 55 21 33
- www.agririva.it

Les bon bon
Feinste Schokoladen lassen das Herz von Naschkatzen höher schlagen.

- Viale S. Francesco 15

Jeden 2. und 4. Mittwoch im Monat (8–14 Uhr) großer **Kleidermarkt** entlang der Via Dante, Via Palati und Via Prati.

Monte Brione 2

Rivas Hausberg (376 m) ist wegen des herrlichen Blicks auf den See und den Monte Baldo › S. 60 ein Muss für den Besucher. Während der Berg sich nach Riva hin leicht abschüssig mit Olivenhainen präsentiert, bricht die nach Torbole › S. 55 gewandte Seite fast senkrecht nach unten ab. Der Anstieg beginnt

»Weintankstelle« in Riva del Garda

direkt neben dem Jachthafen von Riva. Neben dem Tunnel am Fuß des Berges führen Stufen hinauf zu einem geteerten Weg. Man nimmt aber den ausgeschilderten »Sentiero della Pace« (Friedenspfad), der gleich in der ersten Kurve der Straße abzweigt. Beim ca. 1-stündigen, bequemen Anstieg säumen eine Reihe von Bunkern den Weg, ab 1860 von den Österreichern errichtet. Von diesen Zeugnissen der kriegerischen Vergangenheit sollte man sich nicht allzu sehr beeindrucken lassen, sondern eher die herrlichen Ausblicke auf den See und das Nordufer genießen. Der »Friedenspfad« endet an einem Fort, auf dessen Dach man steigen und dort picknicken kann. Wer Lust hat, geht noch die restlichen Meter auf einer asphaltierten Straße zur Spitze mit dem Fernmeldeturm hinauf oder läuft auf der Teerpiste, vorbei an Militärbauten und dem Hotel Benacus, hinunter zum Ausgangspunkt.

Hinterland von Riva

2

*Arco 3

Das Städtchen mit knapp 14 000 Einw., 5 km nördlich des Sees im Tal des Flusses Sarca gelegen, wird von einem hohen Felsen dominiert, auf dem die Reste einer mittelalterlichen Burg der Grafen von Arco, der **Rocca** erhalten sind. Der Aufstieg dorthin lohnt allemal, denn man hat von hier nicht nur einen tollen Blick auf den See, sondern auch auf die 300 m hohe Colodri-Wand, an der Freeclimber ihrem waghalsigen Sport frönen.

Erst-! klassig

Die wichtigsten Bauten an der Piazza Tre Novembre sind die Pfarrkirche **Santa Maria Assunta,** ein Bauwerk der Spätrenaissance, reich ausgestattet mit Gemälden aus dem 16. bis 18. Jh., sowie der mit Fresken geschmückte **Palazzo Marchetti** aus dem 16. Jh. Inmitten eines Gartens liegt die ehemalige Villa des Erzherzogs Albert von Österreich, zu besichtigen ist allerdings nur der **Parco Arciducale Arboreto** (Sommer 8–19, Winter 9–16 Uhr).

Info

APT

- Viale delle Palme 1
- Tel. 0464 53 22 55
- www.gardatrentino.it

Hotel

Guesthouse Arco ●●●

8 charmante Wohnungen in einer restaurierten historischen Mühle. Weitere 7 mit Blick zum See mit SatTV, DSL und WIFI, 10 Gehminuten zur Piazza.

- Via Fabbri 18
- Tel. 335 524 13 12
- www.guesthouse-arco.com

Restaurant

Alla Lega ●●

Im weinumrankten Innenhof eines Palazzo aus dem 16. Jh. wird traditionelle trentinische Küche serviert. Unbedingt probieren sollte man die Gerstensuppe mit Bauchfleisch *(zuppa di orzetto)*!

- Via Vergolano 8
- Tel. 0464 51 62 05
- Mi geschl.

Shopping

Der Platz um die Kollegiatskirche verwandelt sich an jedem 3. Sa des Monats in einen **Antiquitätenladen** unter freiem Himmel.

Aktivitäten

Arco ist eine Hochburg für Kletterer › **S. 26**. Unter sachkundiger Leitung können sich auch Anfänger diesem Sport bei den **Friends of Arco** nähern: www.friendsofarco.it

*Varone-Wasserfall 4

Keine 4 km von Riva entfernt (westlich der Ortschaft Varone) stürzt das Wasser aus dem Tenno-See durch eine Felsenschlucht 98 m in die Tiefe. 4 mm bohrt sich die **Cascata del Varone** (www.cascata-varone) jedes Jahr tiefer in die Felsen – und das seit gut 20 000 Jahren. Das Ergebnis ist eine 55 m lange, wildromantische Klamm, ein Naturschauspiel ersten Ranges. Der seit 1874 erschlossene Wasserfall ist von zwei Grotten aus zu besichtigen, Pullover und Regenschutz sollte man dabeihaben. Sehenswert ist auch der angeschlossene botanische Garten, in dem man die Hochgebirgs- und die mediterrane Flora kennenlernen kann (März–Aug. tgl. 9–19, April/Sept. bis 18, März/Okt. bis 17, Winter 10 bis 17 Uhr, 5,50 €).

Val di Ledro

Um von Riva ins westlich gelegene Val di Ledro zu kommen, musste man bis 1989 die alte und beschwerliche **Ponalestraße** benutzen, die heute für den Verkehr gesperrt ist. Inzwischen erreicht man das Tal bequem von Riva aus über den Ortsteil Albola. Die Straße führt durch zwei insgesamt fast 5 km lange Tunnel hinauf in das Tal. Landschaftlicher Höhepunkt ist hier der Lago di Ledro, der 2,8 km lang, 1 km breit und bis zu 48 m tief ist › S. 54.

Erst-! klassig

Vom Hauptort **Molina di Ledro** am Ostende zieht sich die Uferstraße durch eine wahre Bilderbuchlandschaft nach **Pieve** hin. Immer wieder ermöglichen Rastplätze den Rundblick auf die hinreißende Alpenszenerie oder verführen zu einem erfrischenden Sprung ins kristallklare Nass.

Info

Ufficio Turistico

- Via Nuova 9
- 38060 Pieve di Ledro
- Tel. 0464 59 12 22
- www.vallediledro.com

Biacesa 5

An die Österreicher erinnert man sich in dem Dörfchen des Ledro-Tals nicht eben gerne. Kurzerhand verfrachteten 1915 die Habsburger nach der Kriegserklärung Italiens die Einwohner nach Böhmen und Mähren. Diese mussten ihre florierenden Papierfabriken und Sägewerke, Weingärten und Seidenraupenzuchten zurücklassen. Mit dem einstigen Wohlstand war es also vorbei, als die Ausgesiedelten im Jahr 1919 heimkehrten und wenig mehr als Ruinen vorfanden.

Ein bescheidener Abglanz des Tourismusbooms am nahe gelegenen Gardasee fällt heute auch auf das 200-Seelen-Dorf. Groß war die Begeisterung, als 1989 nach mehrjähriger Bauzeit die Tunnelzufahrt von Riva durch den gewaltigen Felsstock der Rochetta eröffnet wurde.

Pre di Ledro 6

Tre mes senza sol, tre mes senza luna, il rest senza fortuna (Drei Monate ohne Sonne, drei Monate ohne Mond, den Rest ohne Glück), so lautet das resignierte Urteil der Bewohner des Ortes, der unterhalb der zum Gardasee führenden Staatsstraße 240 in jeder Hinsicht ein Schattendasein führt.

Tatsächlich wurde der vergessene Ort, in den sich vom 11. November bis zum 5. Februar kein Sonnenstrahl verirrt, weder von der Natur noch vom Schicksal besonders verwöhnt. Verständlich, dass der erste Lichtblick mit überschäumendem Jubel von den Einwohnern begrüßt wird. Wie in den alten Tagen feiert man auch heute noch am ersten Februarsonntag mit geschmückten Wagen, Tanz und viel Speis und Trank ein großes Fest.

Erst-! klassig

Rekonstruktion eines Pfahlbaus am Ledro-See

Der im Süden bis zu 1000 m hoch aufragende Bergkamm Pre di Ledro, der den Ort alljährlich in den Wintermonaten verdunkelt, trennt die Provinzen Trient und Brescia. Im Ersten Weltkrieg verlief hier die italienisch-österreichische Front, wovon noch einige erhaltene Steige und Trassen Zeugnis ablegen.

**Molina di Ledro 7

In dem kaum 1500 Einwohner zählenden Ort in 638 m Höhe siedelten bereits um 1700 v. Chr. Menschen, wie der archäologische Sensationsfund von 1929 beweist, der die Forscher bis heute beschäftigt: ein prähistorisches Dorf im See, das auf einer Fläche von über 4000 m² auf 15 000 Pfählen errichtet worden war. Das vor der Fundstelle erbaute **Museo delle Palafitte del Lago di Ledro** veranschaulicht das Leben der Pfahlbauer vor vier Jahrtausenden, die sich hauptsächlich vom Fischfang und der Jagd ernährten – innen in liebevoll gestalteten Schauräumen mit zahlreichen Exponaten (Museumsführer in Dt./Engl. erhältlich) als auch unter freiem Himmel mit der Rekonstruktion von drei schilfgedeckten Hütten. Sie wurden unmittelbar neben verblüf-

SEITENBLICK

Pfähle im Ledro-See

Jahrhundertelang ärgerten sich die Fischer darüber, dass seltsame Baumstümpfe im Ledro-See ihre Netze zerrissen. Als 1929 die Ingenieure der Gesellschaft für Hydroelektrik bei Wasserableitungsmaßnahmen für den Kraftwerksbau den Seespiegel senkten und auf dessen Grund einen morschen Wald vor sich sahen, meldeten sie ihre Entdeckung dem Landesdenkmalamt in Padua – und noch im selben Jahr kam es zu ersten Sondierungsgrabungen.

Wirtschaftskrise und Weltkrieg verzögerten das Forschungsprojekt in der Folge um Jahrzehnte, sodass das gesamte Areal archäologisch erst ab 1957 erfasst wurde. Wie man heute weiß, sind in der wissenschaftlichen Zwangspause unersetzliche Fundstücke in die Hände von Schwarzgräbern gefallen, die bis in die 1960er-Jahre einen blühenden Handel mit Tongeschirr, Pfeilspitzen, Steinmessern und Schmuckstücken trieben. Was dem Zugriff der Räuber entging, kann man heute zum größten Teil im **Museo delle Palafitte** › oben sehen. Zu den interessantesten Ausstellungsstücken zählt ein aus einem einzigen Baumstamm gearbeitetes Kanu. Die hervorragend restaurierte Piroge aus Tannenholz ist mindestens 3600 Jahre alt, 4,5 m lang und 0,75 m breit.

fend gut erhaltenen Originalpfählen errichtet, die wie Überbleibsel aus der Steinzeit aus dem Wasser ragen (Via Lungolago 1, Tel. 0464 50 81 82, www.palafitteledro.it, Juli/Aug. tgl. 10–18, März–Juni/Sept.–Nov., Di bis So 9–17 Uhr, Dez.–Febr. geschl.).

Torbole sul Garda 8

Torbole zieht dank seiner günstigen Winde Surfer aus aller Welt an und bietet ihnen eine perfekte Infrastruktur: von preisgünstigen Hotels über einschlägige Fachgeschäfte bis zu Surfschulen und Verleihstellen. Auch das »Après-Surf« kommt hier nicht zu kurz.

An der **Casa Alberti** (Piazza Vittorio Veneto) im historischen Ortskern erinnert eine Gedenktafel an Goethes Aufenthalt hier am 12. September 1786. Die auf einem Hügel erbaute Pfarrkirche **Sant'Andrea** (18. Jh.), die man über die Via Segantini erreicht, besitzt ein schönes Hochaltar-Gemälde mit dem »Martyrium des hl. Andrea« von Giambettino Cignaroli (1706–1770). Im nördlich vom Zentrum gelegenen Ortsteil Nago, in den man über die SS 240 gelangt, lädt das **Castello Penede** mit einem herrlichen Blick zum Besuch ein.

Ab der vierten Juniwoche bis ca. Mitte Juli verwandeln sich Torbole und die umliegenden Orte für ein paar Wochen vom Dorado für Wassersportler zum weithin bekannten Jazz-Hotspot. Seit dem Jahr 2000 zieht das Garda Jazz Festival (www.gardajazz.com) Jahr für Jahr namhafte Jazzmusiker aus Italien und dem Ausland an, die es lieben, vor der reizvollen See- und Bergkulisse, in ausgewählten stimmungsvollen Open-Air-Lokalitäten zwischen Malcesine und Riva, gepflegten Jazz zu spielen. Neben dem offiziellen Konzertprogramm stimuliert das legere Ambiente die Musiker auch zu unzähligen spontanen Sessions und Free Jazz in Bars, Cafés, auf der Straße und sogar am Strand.

Info

APT

- Lungolago Verona 19
- Tel. 0464 50 51 77
- www.gardatrentino.it

Hotels

Lido Blu ●●●

Komfortable Strandadresse, für die Bedürfnisse der Surf-Gäste bestens ausgestattet.

- Via Sarca Vecchio 39
- Tel. 0464 50 51 80
- www.lidoblu.it

Villa Verde ●–●●

Ruhiges Hotel, direkt am Flüsschen Sarca gelegen, das auch für Familien mit Kindern allen Komfort bietet.

- Via Sarca Vecchio 15
- Tel. 0464 50 52 74
- www.torbole.com/villaverde

Garni Villa Clara ●

Für Sparsame, die dennoch Wert auf Gemütlichkeit legen. Besonders Motorradfahrer sind gern gesehene Gäste.

- Via Matteotti 92
- Tel. 0464 50 51 41
- www.villaclara.it

› Karte S. 46

Torbole – Hotspot der Windsurfer

Restaurants

La Terrazza ●●●

Traditionell zubereiteter Fisch; Blick auf den See.

- Via Benaco 14
- Tel. 0464 50 60 83
- www.allaterrazza.com
- Di geschl.

Piccolo Mondo ●●●

Exzellente Trentiner Küche; Spezialität: ein Menü, das nur aus Äpfeln besteht.

- Via Matteotti 108
- Tel. 0464 50 52 71
- www.hotelpiccolomondotorbole.it

Al Pescatore ●●

Nicht nur Fisch, auch die Pizzen sind hier zu empfehlen.

- Via Segantini 11
- Tel. 0464 54 82 88
- Mo geschl.

Surfer's Grill ●●

Seit Jahrzehnten treffen sich Surfer bei der Wirtin Chiara.

- Via Sarca Vecchio 5
- Tel. 0464 50 59 30
- www.surfersgrill.it
- Mo geschl.

Rosticceria Pic Nic ●

Wer sich etwas Leckeres an den Strand mitnehmen möchte, der sollte beim Pic Nic vorbeischauen.

- Via Matteotti 71

Nightlife

Conca Club

Disko-Pub am Jachthafen mit Aussichtsterrasse zum See, ideal für den »Après-Surf«.

- Lungolago Verona 2
- Tel. 0464 50 50 45
- Sommer Fr–So 22–4 Uhr, Winter Sa 22–4 Uhr

Moby Dick

Seemannsambiente in der witzigen Bar, die einer Kombüse gleicht.

- Via Matteotti 60
- Tgl. 20–2 Uhr.

Unterwegs am Ostufer

3

*Malcesine 9

Die 3700 Einwohner von Malcesine leben fast ausschließlich vom Fremdenverkehr. Dank seiner idyllischen Lage, seiner Geschichte und malerischen Altstadt gehört zu den beliebtesten Zielen am Gardasee. In den Sommermonaten wird es ganz schön eng in den schmalen Gassen. Im Frühjahr und Herbst kann man den Charme des geschichtsträchtigen Ortes mehr in Muße auf sich wirken lassen.

Die Scaliger, die ebenso wie die Mailänder Visconti und die Venezianer das Städtchen in ihrem Besitz hatten, hinterließen mit der mächtigen, auf einem Kalkfelsen errichteten ***Scaligerburg** (13. und 14. Jh.), mit dem 33 m hohen Turm, ein Wahrzeichen, das schon Goethe faszinierte – und ihn fast den Kopf gekostet hätte. Hingerissen vom Anblick der gewaltigen Zinnen, zückte er seinen Zeichenblock. Prompt hielt man ihn unter dem Verdacht fest, ein Spion der feindlichen Österreicher zu sein. Zum Glück aber war einem der Einheimischen sein Name ein Begriff, und so wurde er wieder freigelassen.

Die Burganlage, die man vom Ortskern in wenigen Minuten erreicht, umfasst einen unteren und einen oberen Palazzo sowie drei Innenhöfe. In der ehemaligen Pulverkammer im zweiten Hof zeigt ein kleines **Goethe-Museum** u. a. jene Skizzen, die den Dichter spionageverdächtig gemacht hatten. Die Burg beherbergt ferner das Doppelmuseum **Museo del Garda e del Baldo** mit einer Dokumentation von Flora und Fauna der Umgebung sowie des kühnen Schiffstransportes der Venezianer über Land 1439 (April–Okt. 9.30–19, im Winter nur Sa, So, Fei 11–16 Uhr).

Der am Hafen gelegene **Palazzo dei Capitani del Lago** (16. Jh.) mit

Lieblings-Eisdielen

Erst-klassig

- Die **Gelateria Dolce Vita** in Malcesine stellt das köstliche Eis mit großer Liebe und Sorgfalt her. › S. 59
- Berühmt ist die **Gelateria Pinguino Giallo** in Gardone Riviera nicht nur für ihr Eis mit Minze und Schokosplittern. › S. 83
- Eine Institution seit 1965 ist die preisgekrönte **Gelateria Gino** in Sirmione. Unbedingt probieren sollten Fruchteis-Fans das Erdbeer- und Himbeer-Sorbet. › S. 95
- **Vivaldi**, der Eismacher an der Uferstraße von Desenzano, verwendet ausschließlich frische Früchte sowie biologisch erzeugte Vinschgauer Milch und Sahne für das Halbgefrorene, die Sorbets und das Eis. › S. 97
- Ob Melone über Tiramisù, Kokosnuss, Kiwi oder Malaga: Mehr als 30 Sorten beglücken den Eisliebhaber in der **Bar Agorà** in Desenzano del Garda. › S. 100

› Karte S. 46

reizendem Palmengarten war einst Sitz der venezianischen Gouverneure. Die Eingangshalle schmückt ein Fresko (1672) mit der Burg von Malcesine. Den Ratssaal (leider häufig geschl.) zieren die Wappen der Statthalter und eine kostbare alte Holzdecke. In der Pfarrkirche **Santo Stefano** (18. Jh.) ist eine Pietà (16. Jh.) zu bewundern, die der Veroneser Künstler Girolamo dai Libri (um 1474–1555) schuf.

Info

APT

- Via Capitanato del Porto 6–8
- Tel. 045 740 00 44
- www.malcesinepiu.it

Hotels

Casa Barca ●●●
Das modern designte, stilvolle Wellness- und Boutiquehotel mit Pool und Seeblick ist eine Wohlfühloase. Ca. 10 Gehminuten von der Altstadt entfernt.

SEITENBLICK

Die Scaliger

Das mächtige Geschlecht der Scaliger (della Scala), Herren von Verona 1260 bis 1387, stammte aus dem Händler- und Kleinadelsstand und kam durch Volkswahl an die Macht. Die Regentschaft der Scaliger bescherte der Region eine kulturelle Blüte, innerhalb der Familie jedoch herrschten Verrat und Mord, und die Bevölkerung zitterte vor den Tyrannen.

1262 betrauten die Veroneser Mastino I. della Scala mit dem Amt des *podestà del comune.* Das neue Stadtoberhaupt sicherte sich das Wohlwollen Venedigs und festigte seine Position, indem es seine Widersacher kurzerhand hinrichten ließ. Mastino kam am 16. Oktober 1277 bei einem Anschlag ums Leben, doch beriefen die Veroneser, um ihre guten wirtschaftlichen Beziehungen zu Venedig besorgt, den Bruder des Ermordeten, Alberto della Scala, zum neuen Herren. Der grausame Tyrann vernichtete die Familien der Verschwörer. Nach Albertos Tod kam das Morden unter seinen Nachfolgern Bartolomeo, einem kunstsinnigen Mann, und dessen Bruder Alboino vorläufig zum Stillstand.

Cangrande I. della Scala (1311–29) gelang es mithilfe Kaiser Heinrichs VII., seinen Machtbereich weiter auszudehnen. Da er nur uneheliche Kinder hinterließ, ging die Herrschaft an die Söhne Alboinos über, Mastino II. und Alberto II., die mit wenig politischem Gespür unglückselige Eroberungsfeldzüge antraten. 1352 übernahm Cangrande II. die Macht, ein allseits verhasster Fürst mit dem Spitznamen »Canis Rabidus« (Tollwütiger Hund). Er wurde sieben Jahre später von seinem Bruder Cansignorio ermordet, dessen Schreckensherrschaft in einem weiteren Brudermord gipfelte. Cansignorio scheute andererseits keine Mühen und Kosten, um Verona zu verschönern. Nach Cansignorios Tod 1375 traten dessen illegitime Söhne Bartolomeo und Antonio die Nachfolge an. Der brutale Antonio befleckte seine Hände ebenfalls durch Brudermord. Als die Stadt 1387 von den Mailänder Visconti belagert wurde, überließen die Bürger Antonio seinem Schicksal – und setzten damit der Herrschaft der Scaliger ein Ende.

Malcesine mit seiner mächtigen Scaligerburg

- Via Panoramica 15
- Tel. 045 740 08 42
- www.casabarca.com

Maximilian ●●●

Das Hotel liegt ruhig in einer kleinen Bucht in Val di Sogno an kleinem Kiesstrand, 5 Fahr-/30 Gehminuten vom Zentrum, schöner Garten, Pool und hervorragendes Essen.

- Val di Sogno
- Tel. 045 740 03 17
- www.hotelmaximilian.com
- April–Okt. geöffnet.

Hotel Europa ●●–●●●

Erst-! klassig

Schickes »Art & Design«-Hotel mit Strand vor der Tür. Bei schlechtem Wetter lockt ein Hallenbad.

- Tel. 045 740 00 22
- www.europa-hotel.net

Restaurants

Ristorante Re Lear ●●●

Eines der Top-Restaurants am Gardasee.

- Piazza Cavour 23
- Tel. 045 740 06 16
- www.relear.com
- Di geschl.

Vecchia Malcesine ●●●

Kreativküche, deren Ideenreichtum von Feinschmeckern hochgelobt wird.

- Via Pisort 6
- Tel. 045 740 04 69
- www.vecchiamalcesine.com
- Mi und mittags geschl.

Taverna dei Capitani ●●

Erst-! klassig

In einem stimmungsvollen Gewölbe genießt man die typische Küche von einst.

- Via Porto Vecchio 6
- Tel. 045 740 00 05
- Mi geschl.

Eiscafé

Gelateria Dolce Vita ●

Erst-! klassig

Das köstlichste Eis in Malcesine.

- Corso Giuseppe Garibaldi 13

› Karte S. 46

Shopping

Die **Enoteca Malcesine** (Viale Roma 15) bietet eine riesige Auswahl an Gardasee- und weiteren Weinen Italiens, feinste Olivenöle bekommt man im **Consorzio Olivi-coltori** (Via Navene Vecchia 21, Tel. 045 657 04 19, www.oliomalcesine.it). Schöne Ledergürtel nach Maß fertigt **Enea** an (Via Porta Orientale 15).

Aktivitäten

Für Mountainbike-Fans veranstaltet **Stickl-Sport** Bike-Camps mit Techniktraining › **S. 25**. Stickl ist zugleich die älteste Surfschule Italiens und besitzt in Malcesine mit der **Villa Orizzonte** (www.stickl.com, www.villa-orizzonte.com) sogar ein eigenes Sporthotel.

4 *Monte Baldo 10

Erst-! klassig

Auch wer keine längere Wanderung unternehmen möchte, sollte sich von Malcesine einen Ausflug per Seilbahn auf den Monte Baldo nicht entgehen lassen. Die ultramoderne Seilbahn mit silbernen Drehgondeln wurde im Jahr 2002 in Betrieb genommen. Die Seilbahn ist auch auf Gehbehinderte eingestellt und transportiert Bikes und Paraglider. Restaurants an der Mittel- und an der Bergstation sorgen für das leibliche Wohl (Sommersaison 8–19, Nebensaison nur bis 17/18 Uhr, Nov.–Ende März geschl., fährt alle 30 Min., Fahrzeit ca. 15 Min., Retourticket 19 €, www.funiviedelbaldo.it).

Erst-! klassig

Nicht versäumen sollte man den in 1200 m Höhe liebevoll angelegten botanischen Garten (beim Rifugio Novezzina), wo auf einer Fläche von mehr als 2 ha rund 600 Arten von Alpenblumen wachsen.

Assenza 11

Die Orte **Assenza** und **Castelletto** gehören zur Streugemeinde Brenzone. Von Malcesine aus erreicht man über die Gardesana, etwa 5 km südwärts, zuerst Assenza. Hier er-

SEITENBLICK

Wo 1000 Blumen blühen

Jahr für Jahr vollzieht sich am **Monte Baldo** das Blütenwunder vom Gardasee. In jeder Höhenlage überrascht der massive Gebirgsstock durch seine artenreiche Flora. Auf flachgründigen Felsböden wachsen seltene Orchideenarten. Je höher man kommt, desto mehr dominiert der mitteleuropäische Laubwald. Zwischen 1000 und 1500 m blüht von Juni bis September das Wald-Alpenveilchen. Ein einziges Blumenmeer sind die Almwiesen mit den orangefarbenen Feuerlilien, dem Weißen Affodill, den rosa Pfingstrosen und den weißen Paradieslilien. Dazu gesellen sich botanische Kostbarkeiten wie der gelbe Enzian, das Monte-Baldo-Windröschen, die Zwerg-Alpenrose und der Rosmarin-Seidelbast. Im Gipfelbereich blühen im Juni und Juli Hochgebirgspflanzen wie die herzblättrige Kugelblume, die Silberwurz, das Dolomiten-Fingerkraut und – als größte Rarität – die Schmuckblume, die Mitte Juni ihre fast 3 cm großen rosa Blütensterne entfaltet.

Eine Fahrt auf den Monte Baldo gehört zum Pflichtprogramm

hebt sich am baumbestandenen Hauptplatz die Kirche **San Nicola di Bari.** Der Kirchenbau geht auf das 14. Jh. zurück und beherbergt ein Abendmahlfresko, das romanische, frühgotische und byzantinische Stilelemente vereint, ein typisches Merkmal für die Kunst Veronas zu Beginn des 14. Jh.

Castelletto di Brenzone 12

In Richtung Süden weiterfahrend erreicht man nach etwa 5 km den hübschen Ort Castelletto mit seinem malerischen Hafen, an dem jeden Dienstag der Wochenmarkt abgehalten wird.

Am Friedhof der Gemeinde, knapp 1 km hinter dem Ortszentrum an der Gardesana gelegen, wurde im 11./12. Jh. die kleine Kirche ***San Zeno de l'Oselet** errichtet. Der Beiname »zum Vögelchen« leitet sich von dem Wetterhahn auf der Kirche her.

Die Architektur dieses ältesten, noch erhaltenen Sakralbaus am Ostufer ist ein Sonderfall: Das Langhaus wird durch eine Reihe aus Säulen und Pfeilern in zwei Schiffe geteilt, der Kirchenchor weist ungewöhnlicherweise drei Apsiden auf. Die hier erhaltenen Reste von Freskenmalereien mit Apostelfiguren und anderen Heiligen lassen bei genauer Betrachtung große Ähnlichkeiten mit dem Abendmahlsfresko in San Nicola in Assenza erkennen, sodass man von demselben Künstler ausgehen kann › siehe **oben.**

*Torri del Benaco 13

Der Name des Ortes (3000 Einw.) weist auf den alten Namen des Gardasees *(Lacus Benacus)* hin. Dominiert wird das Bild des schönen Hafenstädtchens von der **Scaligerburg**

› Karte S. 46

Erst-! klassig

Die spektakulärsten Aussichtspunkte

- Faszinierend der Blick vom **Monte Brione** auf den See und auf Riva und Torbole zu Füßen. › **S. 51**
- Bequem schwebt man mit der hochmodernen Seilbahn auf den 1700 m hohen **Monte Baldo,** um den grandiosen Panoramablick auf den See auszukosten. › **S. 60**
- Vom Kirchplatz im über Torri hochgelegenen **Albisano** (Abzweigung nach links bei der Ampel in Torri del Benaco) kann man einem der schönsten Ausblicke auf den Gardasee kaum widerstehen. Der Dichter Gabriele d'Annunzio nannte diesen Punkt »Balcone del Garda«. › **S. 64**
- Ein Renaissancedichter sagte, dass der Blick von der **Punta San Vigilio** der schönste der Welt sei. › **S. 64**
- Ein herrliches Panorama bietet sich dem Besucher von der Wallfahrtskirche **Madonna della Corona** 744 m über dem Etsch-Tal. › **S. 66**
- Vom »Schauderbalkon« im Ristorante Miralago in **Pieve** (Tremosine), auf einer 400 m hohen senkrecht zum See abfallenden Steilwand, genießen Schwindelfreie den hinreißenden Ausblick. › **S. 76**
- Die Mühen des steilen Aufstiegs sind sofort vergessen, wenn man von der Kirche **Madonna di Monte Castello** den Blick über den See schweifen lässt. › **S. 79**
- Wer einmal auf der Spitze der Halbinsel von **Sirmione** gestanden hat, der versteht sofort, warum hier ein reicher Römer einst seine Villa errichtete. › **S. 93**

aus dem 14. Jh., die auf den Grundmauern eines Kastells des 10. Jhs. errichtet wurde. Die vorbildlich restaurierte Burg beherbergt das interessante **Museo del Castello Scaligero.** Anschaulich dokumentiert es die Binnenfischerei, die Olivenverarbeitung früher und heute sowie die prähistorischen Felszeichnungen vom nahen **Monte Luppia › **S. 63** (April/Mai, 15. Sept. bis 31. Okt. 9.30–12.30, 14.30–18, Juni bis Mitte Sept. 9.30–13, 16.30 bis 19.30 Uhr, www.museodelcastellodi torridelbenaco.it).

An der Südmauer der Burg ist eines der ältesten **Zitrusgewächshäuser** *(limonaie)* des Sees auch heute noch in Betrieb. Mittelalterliche Fassaden umgeben die malerische **Piazza Calderini** am kleinen Hafen. Hier liegt heute auch das Hotel **Gardesana › unten,** einst der Palast der »Gardesana dell' Acqua«, einer Vereinigung von zehn Gemeinden des Ostufers. Der ehemalige Ratssaal dient heute als Speisesaal des Hotels. Am Nordrand der Altstadt liegt die Barockkirche **SS. Pietro e Paolo,** die zu Beginn des 18. Jhs. errichtet wurde.

Info

IAT

- Viale Fratelli Lavanda (in der Nähe der Burg)
- Tel./Fax 045 722 51 20
- www.torridelbenaco.it

Hotel

Gardesana ●●

Traditionsreiches Haus direkt am Hafen mit exzellentem Restaurant, das als

Spezialität Crêpes mit Fischfarce *(girella)* anbietet.

- Piazza Calderini 20
- Tel. 045 722 54 11
- www.gardesana.eu

Restaurant

Viola Ristorante ●●
Hervorragende regionale Küche kreativ kombiniert mit internationalen Rezepten in schöner, heller Umgebung serviert, lauschige Gartenterrasse.

- Via Gardesana 186
- Tel. 045 722 50 83
- www.ristoranteviola.com

Shopping

Von Mitte Juni bis Mitte September lockt auf der Viale Marconi jeden Mittwoch von 20–24 Uhr ein **Antiquitätenmarkt.**

Ausflüge von
Torri del Benaco

Zur Prada Alta

Von Torri del Benaco führt eine kurvenreiche Straße 4 km den Monte Baldo hinauf, zum beschaulichen Luftkurort **San Zeno di Montagna** **14** mit preisgünstigen Hotels, Pensionen und Genuss-Shopping z. B. in der Salumi del Monte Baldo mit Salami von lokalen Weiderindern. Wer dem Trubel am See entfliehen möchte, ist hier richtig.

Von dort geht es über eine steile Straße mit schönen Ausblicken in ca. 30 Min. bis auf 1000 m in die Hochebene mit dem Bergort **Prada Alta** **15**, ein idealer Ausgangsort für stimmungsvolle Wanderungen (Infos beim IAT-Büro in Torri del Benaco › **S. 62**).

Das Hafenstädtchen Torri del Benaco

Mit der Seilbahn Prada–Costabella auf den Monte Baldo konnte man von Prada bis zur Hütte **Malga Prada** (1550 m) fahren und dort im Panoramarestaurant einkehren, oder gleich weiterfahren mit einem Sessellift bis zum Kamm auf 1850 m hinauf und dort im **Rifugio Fiori del Baldo** die atemberaubende Aussicht genießen. Am 23. Aug. 2013 wurde jedoch der Betrieb bis auf weiteres eingestellt, weil man auf die Konzessionsverlängerung wartet, was dauern kann; ob und wann sie den Betrieb wieder aufnehmen wird, ist ungewiss (Tel. 045 728 56 62, www.funiviedelgarda.it).

**Monte Luppia 16

Im Jahr 1964 entdeckte man auf dem 418 m hohen Berg die ersten Felsgravierungen aus der Bronzezeit; seither wurden im Gebiet zwischen Malcesine und Garda mehr als 250 gravierte Felsen mit rund 3000 Zeichnungen registriert. Die berühmtesten Felsen auf dem Monte Luppia heißen **Pietra delle Griselle** (mit zahlreichen eingeritzten, bewaffneten Menschen) und **Pietra dei Cavalieri** (mit Reiterbildnissen).

Zu erreichen sind diese prähistorischen Zeugnisse von Torri del Benaco über die Straße nach Albisano. In der letzten weiten Kurve vor Albisano zweigt die Strada dei Castei, die alte Verbindung von Torri nach Garda, nach Süden ab, hinter der Ca'Bianca breitet sich die Felsenlandschaft aus, wo Jäger und Hirten auf ihrem Weg zu den Weiden des Monte Baldo ihre Bilder in den Stein ritzten. Erst-! klassig Sachkundige Führungen zu den Felsbildern werden vom Museums-Personal der Scaligerburg in Torri del Benaco › **S. 62** angeboten (Tel. 045 629 61 11).

Vom Kirchplatz in **Albisano** (310 m Seehöhe, Abzweigung nach links bei der Ampel in Torri del Benaco) Erst-! klassig bietet sich einer der schönsten Ausblicke auf den See. Der Dichter Gabriele d'Annunzio nannte diesen Punkt einmal »Balcone del Garda«.

*Punta San Vigilio 17

Die schmale Landzunge, ein Ausläufer des Monte Baldo zwischen der **Baia delle Sirene**, der Sirenenbucht, im Norden und der **Bucht von Garda** im Süden gelegen, zählt mit Sicherheit zu Erst-klassig den bezauberndsten Flecken am Gardasee.

Bereits im 16. Jh. bezeichnete der Philosoph und Rechtsgelehrte Agostino di Brenzone San Vigilio als »schönsten Ort der Welt«. Der Renaissance-Patrizier ließ sich auf dem von der Natur so reich beschenkten Halbinselchen von dem berühmten Architekten Michele Sanmicheli inmitten einer prächtigen Parklandschaft die vornehme **Villa San Vigilio** erbauen, die sich noch heute in Privatbesitz der gräf-

An der Piazza Catullo in Garda

lichen Familie Brenzone befindet und daher nicht besichtigt werden kann. Vom Park aus, den man über eine Zypressenallee betritt, kann man jedoch einen Blick auf diesen Renaissance-Traum werfen.

Hotel und Restaurant

Locanda San Vigilio ●●●
Top-Adresse für Feinschmecker und zugleich ein 4-Sterne-Hotel, in dem schon Otto Hahn, Winston Churchill und Prince Charles wohnten.

- Tel. 045 725 66 88
- www.locanda-sanvigilio.it

*Garda 18

Mittelalterliche, verwinkelte Gässchen und eine elegante Seepromenade, die zum Flanieren und zur Einkehr in eines der Cafés einlädt – das ist es, was Touristen am Städtchen Garda (3600 Einw.), Namensgeber des Sees, so schätzen. Topmodische Boutiquen und sündhaft teure Schlemmerlokale machen Garda nicht eben zu einem billigen Pflaster.

Die **Rocca di Garda,** ein 294 m hohes Felsplateau, überragt den Ort, der Gotenkönig Theoderich ließ darauf im 5. Jh. ein Kastell errichten, von dem noch Mauerreste zeugen. In der Geschichte Italiens spielte die Burg eine dramatische Rolle. Adelheid, Witwe des ermordeten Königs Lothar, wurde hier festgehalten, ehe ihr die Flucht über den See gelang, und sie dann 951 König Otto den Großen heiratete.

Der Ort ist reich an repräsentativen Adelsvillen und stattlichen Palästen, die allerdings allesamt in Privatbesitz und deshalb nur von außen zu besichtigen sind. Der schönste, der **Palazzo dei Capitani** mit seinen gotischen Spitzbogenfenstern, schmückt die Seepromenade an der Piazza Catullo, dem besten Ort zum Flanieren und Leute schauen. Durch die Architektur der Palazzi, etwa des **Palazzo Fregoso,** fühlt man sich nach Venedig versetzt.

Die Pfarrkirche **Santa Maria Maggiore** auf dem Piazzale Roma außerhalb der Altstadt kann mit einem Kreuzgang aus dem 15. Jh. aufwarten.

Info

IAT

- Piazza Donatori di Sangue 1
- Tel. 045 627 03 84
- www.visitgarda.com

Hotels

Boffenigo Small & Beautiful Hotel ●●
34 Zimmer in der Hügellandschaft von Costermano; zwei Restaurants mit sehr guter Küche, Tennisplatz, Pool und Wellnessprogramm. 3 km zum See, schöne Seesicht.

- Via Boffenigo 6
- Loc. Costermano
- Tel. 045 720 01 78
- www.boffenigo.it

Excelsior le Terrazze ●●
Schönes Wohlfühlhaus, nur wenige Minuten vom See, tolles Seepanorama, Pool mit Massagedüsen, sehr gute Küche, ab 2 Nächten, freier Eintritt ins Wellnessland Gardaqua.

- Via Marconi 6
- Tel. 045 725 67 74
- www.excelsiorleterrazze.com

Roma ●–●●

Kleines, schönes Haus am Seeufer mit sehr gutem Preis-Leistungs-Verhältnis.

- Lungolago R.A. 26
- Tel. 045 725 50 25
- www.hotelromagarda.it

Restaurants

Ai Beati ●●–●●●

In der stilvoll restaurierten Ölmühle aus dem 14. Jh. genießt man den herrlichen Blick auf den See und eine Küche, die nur frische saisonale Produkte verwendet.

- Via Val Mora 57–59 (Ortsteil Beati)
- Tel. 045 725 57 80
- www.ristoranteaibeati.com
- Sept.–Juni Di, Mi mittags und Juli, Aug. Di ganztags, Do mittags geschl.

Café La Vittoria ●–●●

Hier sitzt man direkt am See und genießt leckere Pasta und Fischgerichte. Auch die Bar ist empfehlenswert.

- Lungolago Regina Adelaide 57
- Tel. 045 62 70 473

Trattoria Bella Venezia ●–●●

Klein und etwas altbacken eingerichtet, aber die regional ausgerichtete Küche ist erstklassig, alles wird frisch gekocht, Zeit sollte man mitbringen.

- Vicolo Del Pio
- Tel. 389 46 51 856

Nightlife

Can e Gatto

Auch bei jungen Leuten beliebte Bar für einen Dämmerschoppen.

- Corso Vittorio Emanuele
- 18–2 Uhr, Di geschl.

Taverna Goethe

Die Bar liegt direkt neben der Kirche Santa Maria Maggiore und bietet eine große Auswahl an Cocktails.

- Via delle Viole 10
- 18–3 Uhr.

Shopping

Jeden Freitag findet der **Markt** an der Uferstraße statt (6–15 Uhr).

Ausflüge von **Garda**

Eremo San Giorgio 19

Für Fußgänger ist der Weg zum Kloster bereits in der Altstadt von Garda ausgeschildert, Autofahrer müssen den Umweg über Bardolino nehmen: Kurz vor Bardolino zweigt man bei der Agip-Tankstelle links ab und fährt bis zur Ortschaft Cortelline. Bei einem Madonnenbildnis führt linker Hand die schmale Strada dell'Eremo zum Ziel (ca. 20 Min. mit dem Auto).

Die im 17. Jh. gegründete **Einsiedelei** des Kamaldulenserordens liegt inmitten des Weinanbaugebietes, hier kann man einen interessanten Einblick in das heutige Klosterleben gewinnen (Tel. 045 721 13 90; tgl. 9–12.30, 15–18.30 Uhr).

Zur Kirche *Madonna della Corona 20

Das im 16. Jh. gegründete Wallfahrtskirchlein klebt 774 m über dem Etsch-Tal mit herrlichem Panoramablick. Der Weg dorthin führt über **Costermano,** wo man

Erst klas

einen der größten deutschen Soldatenfriedhöfe Italiens besuchen kann; rund 22 000 im Zweiten Weltkrieg Gefallene ruhen hier (tgl. 8–19 Uhr). Weiter in nordöstlicher Richtung über Caprino Veronese und die kleine Ortschaft Spiazzi, wo man das Auto an der Straße abstellt, erreicht man schließlich nach rund 1 km Fußweg bequem das Heiligtum. Alternativ kann man auf einen Kleinbus-Shuttle zurückgreifen.

Der klassische Pilgerpfad hingegen führt aus dem Tal über 450 Stufen den Berg hinauf. Bußfertige benutzen ihn, um dann in der **Cappella della Riconciliazione**, der Aussöhnungskapelle, zu beichten und die letzten Steintreppen zur Kirche auf Knien zurückzulegen. Das dreischiffige Gotteshaus musste Ende der 1970er-Jahre wegen drohender Einsturzgefahr neu errichtet werden. Hinter dem Hochaltar steht in einer aus dem Fels gehauenen Apsis die 70 cm hohe Marmorstatue der Schmerzensmutter aus dem 15. Jh., die Madonna ist als ältere, gramzerfurchte Frau dargestellt. Die Statue soll aus Rhodos stammen und nach der Besetzung der Insel durch die Türken eines Nachts unter Sphärenklängen in strahlendem Licht auf dem Felsen gelandet sein.

5 *Bardolino 21

Der beliebte, rund 6800 Einwohner zählende Ferienort hat einem weit über die Grenzen Italiens hinaus bekannten Weinanbaugebiet seinen Namen gegeben. Der Bardolino, ein süffiger Roter, kann sich durchaus

Schöne Piazza Matteotti in der Altstadt von Bardolino

mit seinen bekannten Vettern Chianti oder Valpolicella messen. Im Ortskern sollte man, beginnend am Stadttor an der **Piazza Verdi**, durch die schöne Fußgängerzone bummeln. Als kunsthistorisches Kleinod präsentiert sich direkt an der Gardesana die romanische Kirche ***San Severo** (12. Jh.) mit mächtigem Glockenturm und kostbaren Fresken. Hinter dem Hochaltar weist die Krypta auf einen Vorgängerbau (9. Jh.) hin. Die Kapelle **San Zeno** (Via San Zeno 13–15), einer der ältesten karolingischen Bauten Italiens (Anfang 9. Jh.), verbirgt sich in einem Innenhof.

Info

IAT

- Piazzale Aldo Moro
- Tel. 045 721 00 78
- www.gardasee.it

Hotels

Du Lac e Bellevue ●●–●●●
Zwei Hotels in einem für Genießer; eigener Strand und exquisite Küche.
- Loc. Santa Cristina
- Tel. 045 621 03 55
- www.hotel-du-lac-et-bellevue-bardolino.it

Hotel Villa Katy ●●
Kleines nettes Wohlfühl-Hotel, buchen Sie ein Zimmer im Neubau. Die Anlage ist jüngst unter Einbezug von Bioarchitektur und Baubiologie modernisiert worden. Frühstücksterrasse, Pool und Garten mit Seeblick.
- Via G. Rossini 5
- Tel. 045 721 03 45
- www.hotelvillakaty.it

Restaurants

Il Giardino delle Esperidi ●●●
Spitzenrestaurant mit angeschlossener netter Weinbar mitten in der Altstadt.
- Via G. Ameli 1
- Tel. 045 621 04 77
- Di geschl.

Al Commercio ●●
Bodenständig, gut und vor allem keine Pizza, so das Motto von Renato Prete, der sich der Regionalküche verschrieben hat.
- Via Solferino 1
- Tel. 04 57 21 11 83
- Di geschl.

La Loggia Rambaldi ●●
Fisch, Pizza und Pasta in einem ehemaligen Adelspalais, stilvolles Ambiente.
- Piazza Principe Minedeo 7
- Tel. 04 56 21 00 91
- www.laloggiarambaldi.it

Shopping

Im **Museo dell'Olio** kann man alte Pressen bestaunen und Olivenöl sowie Wein kaufen.
- Via Peschiera 54, im Ortsteil Cisano
- Tel. 045 622 90 47
- www.museum.it
- Mo–Sa 9–12.30, 14.30–19 Uhr, So 9–12.30 Uhr

Im **Museo del Vino** erfahren Sie alles über die Weinerzeugung, können aber auch einen guten Tropfen erstehen.
- Via Costabella 9, bei der Cantina Zeni
- Tel. 045 622 83 31
- www.zeni.it
- Mitte März–Okt. Mo–So und Fei 9–13, 14.30–19 Uhr

Strada del Vino Bardolino

Das Anbaugebiet des süffigen Bardolino und des Roséweins Chiaretto reicht von **Torri del Benaco › S. 61** bis nach **Valeggio sul Mincio › S. 104** am Südufer. Ein Ausflug auf der Strada del Vino bietet eine gute Gelegenheit die 16 Weinorte und einige der 64 Weinkellereien *(cantine)* kennenzulernen und den Wein zu verkosten (Übersicht: www.bardolino-stradadelvino.it).

Erst klas

Von **Bardolino** fährt man durch die Weinberge Richtung Osten hinauf in das stimmungsvolle Städtchen **Cavaion Veronese** 22. Von Cavaion Richtung **Calmasino** führt die Weinstraße wieder hinunter zur Gardesana Orientale.

Lazise 23

Gut erhaltene Stadtmauern mit drei Toren und eine sechstürmige **Scaligerburg** (12./13. Jh., heute in Privatbesitz) prägen das romantische Städtchen, das zur Zeit der Venezianer wichtigster Handelsstützpunkt und erste freie Kommune am See war. Ein venezianisches **Zollhaus** am Hafen (16. Jh.) zeugt von dieser Zeit. Sehenswert ist auch die nahe romanische **Kirche San Nicolò** (12. Jh.) mit ihrem aufragenden Glockenturm.

Lazise ist ein guter Ausgangsort für Ausflüge zu den Freizeitparks Gardaland und Caneva World › **S. 21, 101** sowie zum Parco Natura Viva › **S. 22**.

Info

APT
- Via Francesco Fontana 14
- Tel. 045 758 01 14
- www.visitgarda.com

Hotel

Alla Grotta ●●
Nettes, einfaches Hotel direkt am Hafen mit gutem Fischrestaurant.
- Via Francesco Fontana 5
- Tel. 045 758 00 35
- www.allagrotta.it

Restaurants

Il Porticciolo ●●–●●●
Man sollte hier unbedingt Risotto mit Fisch probieren, am besten auf der großen, schattigen Terrasse.
- Lungolago Marcon 22
- Tel. 045 758 02 54
- Di Ruhetag

La Taverna Da Oreste ●●–●●●
Das Traditionslokal in alten Gewölben am Hafen ist ein bekanntes Toprestaurant für gute Fischgerichte, mit Showküche, doch Köche und Service haben nicht immer ihren besten Tag.
- Via Fontana 32
- Tel. 045 758 00 19
- Mi geschl.

Piazza Vittorio in Lazise

Das Westufer

Das Beste!

- Im Ristorante Miralago in 400 m Höhe über dem See speisen › S. 76
- Im alten Fischerstädtchen Gargnano der Muße frönen › S. 77
- Das See-Panorama von der Kirche Madonna di Monte Castello aus genießen › S. 79
- Über die Seepromenade von Gardone Riviera bummeln › S. 82
- André Hellers fantastische Welt im Giardino Heller-Hruska erleben › S. 83
- In der Villenanlage Vittoriale ein Schlachtschiff auf einem Berg bestaunen › S. 84

Charme der Jahrhundertwende und Nobelorte mit Spitzenhotels: Das Westufer gilt als die Schokoladenseite des Gardasees, die Gardesana Occidentale als eine der schönsten Straßen Italiens.

6

Wer auf der **Gardesana Occidentale** zwischen Riva und Salò am Seeufer entlang südwärts fährt, der erlebt ein Wechselspiel aus Licht und Schatten. 70 Tunnel mussten in den Berg getrieben werden, da die Felsen im oberen Teil des Sees zum Teil senkrecht 400 m hoch aus dem Wasser aufragen. Dies macht eine Fahrt entlang der 1931 gebauten Uferstraße zu einem einmaligen Erlebnis mit faszinierenden Bilderbuch-Ausblicken auf den See.

Wer dagegen auf teils abenteuerlich steilen Straßen zu den grünen **Hochebenen von Tignale** und **Tremosine** hinauffährt, wird nicht nur mit einem fantastischen Panorama belohnt, sondern findet dort auch Ruhe und Erholung, da diese Gegenden vom Massentourismus der Uferzone weitgehend verschont geblieben sind. Wie grüne Oasen vor dem Hintergrund der Berge des Alto Garda Bresciano laden Sie zu Mountainbike-Touren, zum Wandern oder zum Relaxen in ländlicher Umgebung ein.

Südlich von **Gargnano** ändert sich der Charakter der Gegend grundlegend. Statt wild-romantischer Hochgebirgslandschaft trifft man nun auf eine eher mediterran geprägte Zone. Hier weitet sich der Uferstreifen, die Tunnels entlang der Gardesana werden weniger, und auch die Berge steigen nicht mehr so hoch auf. Bis Salò erstreckt sich von hier die **Riviera Bresciana,** im 19. Jh. eine der bevorzugten Sommerfrischen des Geldadels aus ganz Europa. Besonders **Gardone Riviera** profitierte davon: Neben luxuriösen Villen der Belle Époque finden sich hier noch immer die nobelsten Hotels der Gardasee-Region.

Am südlichen Abschnitt des Westufers verschwinden die Berge und machen sanften Moränenhügeln Platz. Das Hügelland der **Valtènesi** südlich von Salò ist eher landwirtschaftlich geprägt und bekannt für seine Olivenhaine. Zahlreiche Strände locken hier zum Baden im See.

Oben: Heute werden wieder Zitronen angebaut

Links: Spektakuläre Uferstraße: die Gardesana Occidentale

Touren in der Region

Tour 7 Landwirtschaft und altes Gewerbe

Tour-Übersicht:

Verlauf: **Toscolano-Maderno › Gargnano › Campione del Garda › Limone sul Garda**

Dauer: 1 Tag, 30 km

Praktische Hinweise:

- Die Tour macht man vorzugsweise mit dem Auto, zumeist kostenpflichtige Parkplätze sind in allen Orten zu finden.
- Sie ist auch mit dem Bus › S. 20 (Busse des Brescianer Verkehrsverbundes ca. stdl.) und/oder Linienboot › S. 20 bei höherem Zeitaufwand möglich.
- Besonders schön ist die Tour im Frühjahr und Herbst, wenn die Gardesana noch nicht staugeplagt ist wie zur Hochsaison.

Tour-Start:

Trotz der nicht einfachen Erreichbarkeit einiger Ortschaften war das Westufer des Gardasees immer eine wirtschaftlich rege Gegend. Eine kleine Flussmündung trennt den auf einer Halbinsel gelegenen Doppelort **Toscolano-Maderno** › S. 80 in das von malerischen Gassen durchzogene Maderno und das seit dem Mittelalter europaweit bekannte Zentrum der Papierherstellung Toscolano. Nach einem Spaziergang durch Maderno mit seiner Hauptattraktion, der Kirche **Sant' Andrea an der Uferpromenade, geht es Richtung Norden in den Ortsteil Toscolano. Dort ist man stolz darauf, dass die Erstauflage von Luthers Übersetzung des Neuen Testaments auf hier hergestelltem Papier gedruckt wurde. Die Papiermühlen waren einst alle entlang des Toscolano im sogenannten **Valle delle Cartiere** › S. 81 angesiedelt, das heute ein weitläufiges Freilichtmuseum ist. Zu Fuß spaziert man im Toscolano-Tal entlang der alten Fabriken und besucht das Museum.

Von hier folgt man der Gardesana bis nach ***Gargnano** › S. 77. Die prächtigen Paläste lassen kaum erahnen, dass das Städtchen einst ein Fischerort war, daneben stellte der Anbau von Zitronen einen wichtigen Wirtschaftsfaktor dar. Heute lädt der Ort ein zu einem Bummel entlang der hübschen Hafenpromenade und zum Besuch des Klosters San Francesco. In Gargnano ist auch Gelegenheit für eine Mittagspause in einem der netten Restaurants am Hafen.

Weiter geht es auf der Gardesana über das etwa 10 km weiter nördlich gelegene, winzige **Campione del Garda** › S. 77, das bis vor rund 80 Jahren nur mit dem Boot erreichbar war. Der Unternehmer Vittorio Olcese nutzte hier im 19. Jh. einen Wildbach für die Errichtung einer Baumwollspinnerei. Dieses einmalige Industriedenkmal ist dank seiner Umgestaltung in eine attraktive Ferienanlage noch erhalten geblieben. Von Campione fährt man über die Gardesana in das nahe, herrlich gelegene **Limone sul Garda** › **S. 75**, ein wahrer Touristenmagnet. Der Ortsname kündet bereits davon, für welches Erzeugnis die Gegend einst berühmt war: Zitronen. Nachdem in den letzten 50 Jahren der Anbau fast gänzlich eingestellt worden war, beginnt man nun wieder, die Früchte in Gewächshäusern zu ziehen.

Die Hochebene von Tremosine

Tour 8 Ein Tag auf der Hochebene von Tremosine

Tour-Übersicht:

Verlauf: **Gargnano › Pieve › Vesio › Limone sul Garda › Gargnano**

Dauer: 1 Tag, 60 km

Praktische Hinweise:

- Bei dieser Tour gibt es keine Alternative zum Auto.
- Die Route zwischen Campione del Garda und Pieve verlangt dem Fahrer wegen der schmalen, sehr kurvenreichen Streckenführung erhöhte Aufmerksamkeit und Schwindelfreiheit ab.

Tour-Start:

Wer dem Trubel am Seeufer für einen Tag entfliehen und in hochalpiner Landschaft mit Traum-Panorama wandern möchte, der sollte zur Hochebene von ***Tremosine** › **S. 76** hinauffahren. Die Tour startet in ***Gargnano** › **S. 77**. Knapp 2 km nördlich von **Campione del Garda** › **S. 77** zweigt die Straße SP38 Richtung **Pieve** › **S. 76** ab.

Erst-! klassig

Der steile Weg ins Dorf führt in Serpentinen hinauf zur wildromantischen *Brasa-Schlucht › **S. 76** mit ihrem Wasserfall. Fast 400 m über dem Seeniveau befindet man sich jetzt. Das Panorama bei einer Stärkung genießen kann man im Restaurant des etwas außerhalb, in Richtung Arias gelegenen **Hotels Paradiso** › **S. 76**. Seine legendäre *Terrazza del Brivido* (Schauderterrasse) schwebt frei über dem See und bietet einen herrlichen Ausblick.

Am Ende der Ebene, direkt am Fuß der Berge, liegt das malerische Dörfchen **Vesio** › **S. 76**. Von hier aus kann man eine etwa einstündige Wanderung zum **Lago di Bondo** in das gleichnamige Naturschutzgebiet unternehmen (gute Übersicht, auch zu weiteren Touren: www.hotelsolelimone.com und infotremosine.org). Der See, ein Überbleibsel der Würm-Eiszeit, liegt während der Sommermonate trocken.

Zur Rückkehr ans Ufer nimmt man von Vesio aus am besten die Straße nach Voltino, die an Olivenhainen vorbei nach **Limone sul Garda** › S. 75 zurückführt. Nach einem Bummel durch die Gässchen Limones sind Sie in ca. 20 Min. zurück in Gargnano.

Tour 9 Der mondäne Gardasee

Tour-Übersicht:

Verlauf: **Gardone Riviera › Isola del Garda › Gardone Riviera**

Dauer: 1 Tag, ca. 8 km

Praktische Hinweise:

- Besuche der Isola del Garda, 25. April–17. Okt. jeweils Di und Do mit dem Boot; Start um 9.35 Uhr gegenüber dem Hotel Savoy in Gardone Riviera, Eintritt 24 €, Kinder 13 €, www.isoladelgarda.com

Tour-Start:

Im 19. Jh. entdeckte die High Society die **Riviera Bresciana** wegen des milden Klimas und der für Lungenkrankheiten heilsamen Luft als geeigneten Platz für Sommeraufenthalte. In der Folge entstanden luxuriöse Villen und mondäne Hotels. Wer auf den Spuren dieser »guten alten Zeit« wandeln möchte, der sollte in ***Gardone Riviera** › S. 82 starten. Ein Frühstück auf der 300 m langen Terrasse des **Grand Hotel Gardone** › S. 83, noch heute das luxuriöseste Hotel am See, hat Stil, aber hat auch seinen Preis.

Gegenüber dem Hotel legen die Linienboote zur **Isola del Garda** › S. 87 ab. Die mit einem Kilometer Länge größte Insel des Gardasees, mit dem neogotischen Palast, befindet sich im Privatbesitz der Fürsten Borghese-Cavazza. Im Rahmen einer Führung lernt man den herrlichen Park und einige Prunkzimmer kennen.

Gegen Mittag ist man zurück in Gardone Riviera. Nach einem Bummel über die exklusive Hafenpromenade und einem Mittagessen spaziert man hinauf zur Via Roma 2, in der Arthur Hruska, der Zahnarzt des letzten russischen Zaren, sich den Traum von einem ***botanischen Garten** › S. 83 erfüllte, der heute unter der Obhut von André Heller steht.

Gleich rechts neben dem Garten führt ein beschilderter Weg hinauf zum ***Vittoriale degli Italiani** › S. 84, dem »Siegesdenkmal der Italiener«, mit der wohl denkwürdigsten Villenanlage des Gardasees.

Anschließend besucht man auf einen Espresso noch das traditionsreiche **Grand Hotel Fasano** an der Uferstraße (Corso Zantelli 190), das im 19. Jh. als Jagdsitz des österreichischen Kaiserhauses errichtet wurde.

Unterwegs am Westufer

Limone sul Garda 24

Ob der Ortsname Limone nur die wörtliche Übersetzung von Zitrone bedeutet oder nicht vielleicht doch das lateinische *limes* (Grenze) dahinter steckt, wird vermutlich nicht mehr zu klären sein. Wie kein anderer Ort am Westufer hat der einstige »Zitronengarten« des Sees seine Seele verkauft. Im Lieblingsziel des Pauschaltourismus erdrücken nicht nur die Menschenmassen den Ort, sondern auch die Felswände, die hier allzu nah an den See heranrücken. In den 1980er-Jahren besann man sich im Dorf auf die einstigen Wahrzeichen zu Füßen des Gebirgsstocks Cima di Mughera, sodass einige Zitronengärten wieder bewirtschaftet werden, u.a. an der Uferstraße, 2 km vor Porto di Tignale. Eine sehr schöne Pflanzung findet man z. B. in der Via Castello.

Im alten Zentrum lohnt sich ein Blick in die barocke Pfarrkirche **San Benedetto** aus dem 17. Jh. Ihr Inneres birgt Gemälde von Andrea Celesti (1637–1711), darunter eine Darstellung der »Hl. Drei Könige« (rechts neben dem Altar).

Den berühmten Limone-Karpfen müssen Sie unbedingt probieren.

Info

IAT

Infokiosk am Parkplatz Seepromenade.

- Via IV Novembre 3c
- Tel. 0369 95 47 20
- www.limone.com, www.gardasee.it

Hotels

Park Hotel Imperial ●●●

Für innere Balance sorgen 11 luxuriöse Suiten und 50 Zimmer sowie ein Wellnesscenter, das sich dem fernöstlichen Tao verschrieben hat.

Erst-! klassig

- Via Tamas 10B
- Tel. 0365 95 45 91
- www.parkhotelimperial.de

Hotel Villa Romantica ●●

Familiär geführtes Hotel mit Restaurant, Kiesstrand und Pool, 8 Minuten vom Zentrum entfernt.

- Via Nova 18
- Tel. 0365 91 46 84
- www.hotelvillaromantica.it

Cristina ●–●●

Auf fünf Häuser in einem Park verteilt sich der Komplex; Shuttle ins Zentrum.

- Via Tamas 20
- Tel. 03 65 95 81 11
- www.parchotels.it

Das Lieblingsziel vieler Urlauber am Gardasee: Limone sul Garda

› Karte S. 46

Sole ●
Für sparsame Gäste, die auf einen gewissen Standard nicht verzichten wollen; bequem und modern eingerichtete Zimmer, herrlicher Blick auf den See.
- Lungolago Marconi 36
- Tel. 0365 95 40 55
- www.hotelsolelimone.com

Restaurant

La Cantina del Gato Borracho ●●
»Der betrunkene Kater« bietet erstklassige Küche im Restaurant und – Nomen est Omen – eine Top-Weinbar.
- Via Caldogno 1/1
- Tel. 0365 198 64 41
- www.gatoborracho.com

Shopping

In der **Cooperativa Agricola Possidenti Oliveti,** Via Campaldo 10, gibt es Führungen durch die Ölmühle, ganzjährig sind in der Verkaufsstelle Olivenöl und andere Spezialitäten der Region wie Honig und Käse erhältlich.
- Tel. 0365 95 44 46
- www.oleificiolimonesulgarda.it
- April–Okt. Mo–Fr 16–18 Uhr

*Tremosine 25

Zwischen schroffen Schluchten und lichtem Mischwald erstreckt sich die Gemeinde Tremosine rund um das wildromantische Tal des Baches Campione und vereinigt die Weiler Pieve, Pregasio, Sermerio, **Vesio, Voltino** und Campione zu einer Gemeinde (www.tremosine.org). Münzfunde sowie der »Stein von Voltino« mit lateinisch-etruskischer Inschrift (im Stadtmuseum von Brescia › **S. 114**) künden davon, dass dieses Hochplateau bereits in der Antike besiedelt war und heute ein ideales Wandergebiet ist. Von den kleinen Ortschaften bieten sich hinreißende Aussichten auf den in der Tiefe schimmernden See. Um auf die Hochebene hinaufzufahren, nimmt man entweder die bequeme Strecke über Voltino, die kurz hinter Limone von der Gardesana abzweigt, oder die viel anspruchsvollere, aber auch spannendere, die weiter südlich abgeht. Man durchfährt dabei die wildromantische ***Brasa-Schlucht,** um weiter ins 400 m hoch über dem See gelegene Dorf **Pieve** zu kommen mit seinen atemberaubend am Felsrand stehenden Häusern.

Hotel

Hotel Paradiso ●●
In herrlicher Panoramalage, Pool, Parkplatz, Restaurant mit der legendären Schauderterrasse.
- Viale Europa 19
- 25010 Pieve di Tremosine
- Tel. 0365 95 30 12
- www.terrazzadelbrivido.it

Restaurants

Ristorante Miralago ●●
Genuss für Schwindelfreie: Die Terrasse des Restaurants hängt wie ein Adlerhorst über einer 350 m senkrecht abfallenden Felswand.
- Piazza Cozzaglio 2
- Tel. 0365 95 30 01
- www.miralago.it

Ristorante San Marco ●●
Im Ortsteil Pregasio: gute lokale Küche mit hinreißender Aussicht.

- Via XXV Aprile 3
- Tel. 0365 91 81 72

Aktivitäten

Der deutsche Outdoor-Spezialist **Sky Climber** unterhält in Tremosine eine eigene Station und bietet u. a. geführte Mountainbike-Touren auf der Hochebene, Skyver- und Klettersteigtouren an.

- Via Dalco 3
- Tel. 335 29 32 37
- www.skyclimber.it

Campione del Garda 26

Die Ausfahrt nach Campione kommt etwas plötzlich, mitten in einem der Tunnel der Gardesana in Richtung Süden. Einmalig ist die Lage des Dorfes auf einer kleinen Halbinsel vor den fast senkrecht aufragenden Felsen. Der gleichnamige Fluss, der sich hier in einer Schlucht in den See ergießt, hat in den Jahrtausenden so viel Schwemmland mitgeführt, dass der winzige Ort mit seinen ca. 180 Einwohnern Platz fand. Einst war das Dorf eines der größten am See. In der Baumwollspinnerei Olcese arbeiteten im 19. Jh. etwa 700 Menschen. Der **Palazzo Archetti**, ehemals Verwaltungsgebäude der Fabrik, und das Denkmal des Firmengründers Vittorio Olcese neben der Kirche künden von dieser Vergangenheit. Das Industriedenkmal ist heute Ferienanlage, die Kiesstrände versprechen unbeschwertes Badevergnügen.

*Gargnano 27

7

Der malerische Gardaseeort (3200 Einwohner), der bisher von den Folgen eines ausufernden Fremdenverkehrs weitgehend verschont geblieben ist, zeigt sich Besuchern von seiner heiteren Seite. Niemand stößt sich heute noch daran, dass die Ministerien der faschistischen »Republik von Salò« 1943–1945 tatsäch-

Ein vom Massentourismus weitgehend verschontes Juwel ist Gargnano

› Karte S. 46

lich im neoklassizistischen **Palazzo Feltrinelli** von Gargnano untergebracht waren. Mittlerweile dient der Palast als Sommersitz der Universität Mailand, die hier Sprachkurse für Ausländer veranstaltet. Nur wenige Schritte entfernt residierte einst Mussolini in der **Villa Feltrinelli**. Seit einigen Jahren ist die Villa ein Luxushotel (Via Rimembranza 38–40, Tel. 0365 79 80 00, www.villafeltrinelli.it).

Sehenswert ist der »steinerne Zitronengarten« am Ortseingang, der sich im romanisch-gotischen Kreuzgang des Klosters **San Francesco** (spätes 13. Jh.) verbirgt. Hier zieren Orangen und Zitronen sogar die Kapitelle (tgl. 9/10–18/19 Uhr, außer während der Messen).

Der kleine, südlich vom Zentrum gelegene Ortsteil **Bogliaco** ist stolzer Besitzer eines »Mini-Schönbrunn«: Die kaiserliche Sommerresidenz der Habsburger in Wien diente offensichtlich der nur von außen zu besichtigenden prächtigen **Villa Bettoni-Cazzago** (18. Jh.) als Vorbild. Die schönste Aussicht auf die seewärts gerichtete Fassade hat man vom kleinen Hafen aus, dahinter findet sich an der Straße eine elegante, mit Statuen geschmückte Freitreppe am Ende einer barocken Parkanlage. Am Hafen, mit seiner hübschen Promenade ein Anziehungspunkt, erinnern die eingemauerten, aus den Fassaden ragenden Kanonenkugeln an den Beschuss des friedlichen Fischerdorfes 1866 durch die Österreicher während des italienischen Risorgimento.

Info

Associazione Turistico Gargnano

- Piazzale Boldini 2
- Tel. 0365 79 12 43
- www.gargnanosulgarda.it (auch dt.)

Hotels

Villa Giulia ●●●

Bildschönes Hotel in einer Villa aus dem 19. Jh. mit romantischer Seeterrasse, Pool und erlesenem Restaurant.

- Viale Rimembranza 20
- Tel. 0365 710 22
- www.villagiulia.it

Bartabel ●–●●

Nettes Hotel garni, Familienbetrieb mit 10 Zimmern und exzellentem Fischrestaurant.

- Via Roma 39
- Tel. 0365 713 30

Europa ●

Angenehme kleine Villa mit hübschen Zimmern, Pool, Garten und schöner Aussicht von den Panoramaterrassen.

- Via Repubblica 38
- Tel. 0365 711 91
- www.frassinehotels.it

Restaurants

La Tortuga ●●●

Das exquisite Sterne-Restaurant am Hafen gehört zu den besten am Gardasee.

- Via XXIV Maggio 5
- Tel. 0365 712 51
- Mo abends und Di geschl., im Sommer nur Di.

Osteria del Restauro ●–●●

Romantisch am Hafen des Ortsteils Villa gelegen, sehr gute regionale Küche. Reservierung empfehlenswert.

- Piazza Villa 19
- Tel. 0365 726 43
- Mo geschl.

Allo Scoglio ●–●●
Charmantes Restaurant mit Garten am See, sehr gute Fischgerichte – unbedingt die *tagliatelle al ragù di lago* probieren.

- am Hafen von Bogliaco
- Tel. 0365 710 30
- Mo geschl.

Shopping

Auf der Piazza Feltrinelli findet freitags von Juli bis Sept. ein ganztägiger **Antiquitätenmarkt** statt.

Ausflug ins **Hinterland**

Zwischen Campione und Gargnano führt die Straße SP38 zur landschaftlich reizvollen **Hochebene von Tignale** 28 mit ihren sechs Orten auf einer Felsterrasse über dem See. Sie ist dank ihrer Natur und Panoramen ein beliebtes Ausflugsziel und Paradies für Mountainbiker. Vom Hauptort **Gardola** folgt man Richtung Tremosine der Beschilderung zur Wallfahrtskirche ****Madonna di Monte Castello.**

Am Ende der Strecke warten 26 % Steigung und viele Kurven!

Das auf den Überresten einer Scaligerburg im 13./14. Jh. errichtete und später barockisierte Marienheiligtum bietet in 700 m Höhe einen überwältigenden Blick auf den Gardasee (Kirche Ostern bis Okt. tgl. 9 bis 19 Uhr; April–Sept. So Messe 17 Uhr.) Erst-! klassig

Im kleinen Café in der Nähe (Öffnungszeiten wie Kirche) kann man sich anschließend stärken.

Die Wallfahrtskirche Monte Castello auf der Hochebene von Tignale

Erst-! klassig

Die reizvollsten Autostraßen

- Nach einem schier endlosen, nur von schummrigem Licht erhellten Tunnel öffnet sich auf der Straße von Arco plötzlich das traumhafte **Val di Ledro** mit seinem schönen See. › **S. 53**
- Die **Strada del Vino Bardolino** führt vom Ostufer durch die wunderbaren Weinberge des Bardolino-Anbaugebiets zu zahlreichen Weingütern, die auch Verkostungen anbieten. › **S. 68**
- Zu Recht gilt die **Gardesana Occidentale** entlang des Westufers mit ihren einmaligen Ausblicken als eine der schönsten Straßen Italiens. Besonders stilecht befährt man sie im Cabrio. › **S. 71**
- Die Straße, die bei Campione del Garda hinauf nach **Tremosine** führt, hat es in sich. Aber die Fahrt durch ein wildromantisches Tal an einem Wasserfall vorbei ist ein unvergessliches Erlebnis. › **S. 73**
- Eine Steigung von sage und schreibe 26 % gilt es am Ende zu bewältigen, wenn man zur Wallfahrtskirche **Madonna di Monte Castello** hinauffährt. › **S. 79**
- Wer vor dem Panorama der Berge in unberührter Natur atemberaubende Blicke auf den See genießen möchte, fährt von Vesio in der Hochebene von Tremosine › **S. 76** durch das **Valle San Michele** in die Hochebene von Tignale › **S. 79.**
- Eher an eine Fahrt entlang eines skandinavischen Fjords als an eine Straße in Italien fühlt man sich auf dem Weg entlang des **Lago di Valvestino** im Brescianer Hinterland erinnert. › **S. 124**

Info

Zahlreiche reizvolle **Wanderwege** auf der Hochebene sind auf der Website www.tignale.org beschrieben.

Toscolano-Maderno 29

Dank ihrer exzellenten touristischen Infrastruktur sind beide Städtchen des Doppelortes als Ferienziele gleichermaßen beliebt. **Madernos** Hauptattraktion ist die frisch restaurierte Pfarrkirche ****Sant'Andrea** aus dem 12. Jh. am Ortsausgang Richtung Gardone Riviera (8–11.30, 14.30–18 Uhr). Fragmente eines vorchristlichen Tempels sowie Skulpturenreste des langobardischen Vorgängerbaus aus dem 8. Jh. sind an Fassade, Apsis und Westwand zu sehen. Das Eingangsportal zeigt Tierskulpturen, Arabeskenschmuck, Menschenköpfe und die typisch langobardische Flechtbandornamentik.

Toscolano wiederum rühmt sich der Patenschaft für den gesamten Gardasee, der in der Antike »Lacus Benacus« hieß: Angeblich soll ein gallischer Seher namens Acus an der Stelle des heutigen Toscolano die Ortschaft Benacus gegründet haben. Dass sowohl Torbole, Garda, Salò und noch einige andere Dörfer diese Legende für sich in Anspruch nehmen, stört die selbstbewussten Toscolaner wenig.

Bei einem Spaziergang im Tal des Toscolano-Flusses entlang der alten Papiermühlen, die letzte war bis in die 1960er-Jahre in Betrieb, trifft man nach ca. einer halben Stunde auf das kleine **Museo della Carta**;

dieses Papiermuseum dokumentiert anschaulich das alte Handwerk (Tel. 0365 54 60 23, Info und Voranmeldung unter Tel. 338 933 64 51, www.valledellecartiere.it).

Info

IAT

- Villa Sacerdoti
- Tel. 0365 54 60 83
- www.visitgarda.com

Hotels

Hotel Villa Maria au Lac ●●●

In einer bildschönen Villa am See bietet das Hotel stilvoll elegante Zimmer, ein exquisites Restaurant, Terrasse zum See, Wellnesseinrichtungen, nur wenige Autominuten vom Stadtzentrum und Golfplatz.

- Via Roma 25
- 0365 54 62 01
- www.hotel-villamaria.org

Piccolo Paradiso ●●

Günstiges Apartmenthaus mit großem Pool und Garten; ideal für Familien mit Kindern.

- Ortsteil Cecina-Case Sparse
- Tel. 0365 64 30 80
- www.hghotels.com

Im Tal der Papiermühlen

Restaurants

Osteria L'Antico Pozzo ●●

Charmantes Lokal mit Garten, Bar und Pub, leckere Küche, nettes Personal.

- Via Benamati, 24
- Tel. 0365 64 23 56

Trattoria La Sosta ●–●●

Hier gibt's Gegrilltes. Die Trattoria ist besonders bei den Einheimischen beliebt.

- Ortsteil Cecina
- Via Cecina 82
- Tel. 0365 64 42 95
- Mi geschl.

SEITENBLICK

Papierfabriken

Der im Mittelalter durch die Fertigung von Eisenteilen für die venezianischen Galeeren reich gewordene Ort Toscolano erwarb sich mit einer florierenden Papierindustrie ein zweites, solides wirtschaftliches Standbein. So ließ sich hier bereits im 15. Jh. die erste Buchdruckerei der Lombardei nieder, in der jene Bibelausgabe gedruckt wurde, die Martin Luther später ins Deutsche übersetzte. Ein Spaziergang durch das »Tal der Papierfabriken«, wie sich **Valle delle Cartiere** übersetzt, führt vorbei an alten Fabrikruinen am Wildbach Toscolano, der in 600 m Höhe im Valvestino-See › **S. 124** entspringt.

› Karte S. 46

Nightlife

L'Angolo Del Caffè Bar
Sehr beliebter Treff am Abend.
▮ Piazzetta San Marco

Ausflug nach **Gaino** 30

Von der Kirche San Michele in Toscolano aus läuft man 20 Minuten auf einem markierten Weg zwischen Olivenhainen und Weingärten zum Dorf, das Ausgangspunkt für Wanderungen in den Bergen ist. In der Nähe liegt der 18-Loch-Golfplatz von Maderno.

Erst-! klassig

Bei der Wallfahrtskirche Santa Maria genießt man ein wunderbares Seepanorama.

Gardone Riviera, einst schönstes und mondänstes Seebad

*Gardone Riviera 31

Im Hauptort (2400 Einw.) der noblen Riviera Bresciana weist heute nichts mehr auf seine Vergangenheit als einfaches Fischerdorf hin. Der Prinz, der das Dornröschen vor etwa 100 Jahren erweckte, hieß Ludwig Wimmer. Der deutsche Ingenieur erkannte 1880 als Erster, welches Kapital sich aus der herrlichen Lage des Dörfchens schlagen ließ und eröffnete einen kleinen Gasthof, der sich zur international bekannten Nobelherberge **Grand Hotel Gardone Riviera** › **S. 83** mausern sollte. Bald gruppierten sich die Villen eines bunt gemischten, in jedem Falle aber wohlhabenden Völkchens rund um das Lokal des deutschen Trendsetters, und es entstanden die Ortsteile **Gardone di Sotto** und **Gardone di Sopra** (das untere- bzw. obere Gardone): Unten am See säumen elegante Hotels, Restaurants und Klubs die autofreie Uferpromenade.

Im höher liegenden Viertel, zu dem die etwa 800 m lange **Viale del Vittoriale** hinaufführt, ist man nicht nur auf die Historie stolz. Vielmehr schmückt sich Gardone di Sopra mit einem ebenso berühmten wie umstrittenen Namen: Gabriele d'Annunzio, Dichter, leidenschaftlicher Faschist und Freund Mussolinis, der seiner Wahlheimat ein bombastisches Monument, das ***Vittoriale degli Italiani,** »Siegesdenkmal der Italiener«, hinterließ › **S. 84.**

Klugerweise setzte das offizielle Gardone einen Kontrapunkt und benannte den Rathausplatz nach dem während der Befreiung amtierenden Bürgermeister Piazza Pietro Scarpetta.

8 *Giardino Heller-Hruska

Nur wenige Schritte entfernt hält der zauberhafte **Giardino botanico** seine Pforten weit offen. 1910 schuf der Arzt Arthur Hruska diese Oase der Stille, in der seit den 1980er-Jahren der Wiener Allround-Künstler André Heller als Hausherr residiert. Die Anlage ist von kleinen Wasserfällen und Teichen, schmalen Brücken und verwunschenen Steigen durchzogen. Das Nebeneinander von tropischen Gewächsen, mediterraner und alpiner Flora begeistert auch Kinder. Einzigartiger Blickfang sind die fantastischen Skulpturen, die bedeutende Gegenwartskünstler gestaltet haben (www.hellergarden.com; März–Okt. tgl. 10–19 Uhr, Erw. 10 €, Kinder 6 bis 11 Jahre 5 €, bis 5 Jahre gratis).

Info

IAT
- Corso Repubblica 8
- Tel./Fax 0365 203 47

Comunità del Garda
- Via dei Colli 15
- Tel. 0365 29 04 11
- www.lagodigarda.it (auch dt.)

Hotels

Grand Hotel Gardone Riviera ●●●
Erst-klassig
Luxusherberge mit fast 100-jähriger Tradition, in der schon Churchill und Vladimir Nabokov nächtigten.
- Via Zanardelli 84
- Tel. 0365 2 02 61
- www.grandhotelgardone.it

Savoy Palace ●●●
Elegantes Jugendstil-Haus mit Flair und 60 stilvollen Zimmern, Wellnesszentrum, Pool, Panoramaterrasse.
- Via Zanardelli 2/4
- Tel. 0365 29 05 88
- www.savoypalace.it

Hotel Bellevue ●●●
Prachtvolle alte Villa mit allem Komfort, schönem Park, freiem Strand – und das auch noch zu angemessenen Preisen.
- Via Zanardelli 81
- Tel. 0365 29 00 88
- www.hotelbellevuegardone.com

Restaurants

Villa Fiordaliso ●●●
Erst-klassig
Unter Gourmets gilt das noble Sterne-Restaurant als Geheimtipp für Fisch-Spezialitäten. Übernachtung möglich.
- Via Zanardelli 150
- Tel. 0365 201 58
- www.villafiordaliso.it
- Restaurant Mo ganztägig und Di mittags geschl.

Trattoria Belvedere da Marietta ●●
Hausgemachte Nudeln und andere Köstlichkeiten, herrliche Aussicht.
- Via Montecucco 78
- Tel. 0365 209 60
- Do geschl.

Eiscafé

Gelateria Pinguino Giallo
Erst-klassig
Der gelbe Pinguin ist für sein Stracciamenta-Eis mit Minze und Schokosplittern berühmt.
- Corso Repubblica 45

SPECIAL

9 Kitsch, Kunst, Kuriositäten

1921 erwarb der Schriftsteller **Gabriele d'Annunzio** die Villa Cargnacco in Gardone Riviera, damals ein für die Gegend typisches Landhaus. 17 Jahre später hinterließ der Lieblingsdichter des faschistischen Italien einen Gebäudekomplex, wie er geschmackloser nicht sein könnte. Vom Erdgeschoss bis unters Dach vollgestopft mit kostbaren Kunstschätzen und unvorstellbarem Kitsch, präsentiert sich das einstige Wohnhaus d'Annunzios den Besuchern als bedrückendes Monument des Größenwahns.

Das ***Vittoriale degli Italiani** umfasst ein Theater, die Säulenhalle mit dem Grab des Hausherrn, einen Kuppelbau für das Flugzeug, mit dem d'Annunzio 1918 über Wien antiösterreichische Flugblätter abwarf, ein Museum (u. a. mit Filmvorführungen) und sogar ein Schiff: Unglaublicherweise hatte der Mussolini-Freund und fanatische Patriot den Bug des von ihm 1919 bei einem Angriff auf Fiume (heute Rijeka) persönlich befehligten Schlachtschiffs »Puglia« auf den Berg schleppen lassen.

Das bereits zu Lebzeiten d'Annunzios zum Nationaldenkmal erklärte Kuriositätenkabinett kann besichtigt werden (Via Vittoriale 12, Tel. 0362 965 11, www.vittoriale.de; April–Sept. tgl. 8.30–20, Okt.–März 9–17 Uhr; Wohnhaus d'Annunzios **Prioria** nur im Rahmen von Führungen: April–Sept. Di–So 9.30–19, Okt.–März Di–So 9–17 Uhr, Eintritt Erw. 13 €, über 65 Jahre 9 €, Kinder 7–18 Jahre 9 €, bis 7 Jahre kostenfrei).

Kultur-Veranstaltungen im **Teatro del Vittoriale** (Ballettaufführungen, Opern, klassische Konzerte und Jazz; Tel. 340 139 24 46; www.anfiteatrodelvittoriale.it).

 Bild oben: Das zum Nationaldenkmal erklärte Kuriositätenkabinett Vittoriale degli Italiani

› Karte
S. 46

**Salò 32

Dank seiner geschützten Lage am Fuß des Monte Bartolomeo ist Salò (10 600 Einw.) der wärmste Ort am Gardasee. Und vielleicht auch der reizvollste mit seinen Palazzi und einer der längsten und schönsten Uferpromenaden am See – und nicht zu vergessen, seine eleganten Geschäfte, Boutiquen, Hotels und Restaurants. Salò war schon immer wohlhabend. In römischer Zeit, war es Verwaltungsort, was an Bauten aus früher Zeit vielleicht noch überdauert hatte, wurde spätestens beim Erdbeben von 1901 zerstört. Auch im Mittelalter spielte es eine wichtige Rolle, wie die noch erhaltenen Architekturschätze bezeugen. Mit dem **Dom Santa Maria Annunziata** und seinem prachtvollen Marmorportal besitzt Salò das bedeutendste Gotteshaus der Spätgotik am Gardasee (Mitte 15. Jh.). Den in mystisches Dunkel getauchten dreischiffigen Innenraum krönt eine 11 m hohe gotisch-venezianische Kuppel von 44 m Umfang. Genauere Betrachtung verdient das spätgotische Kruzifix des deutschen Bildschnitzers Hans von Ulm (1449, 1. Kapelle links) und an der linken Langhauswand das eigenwillige Gemälde »Hl. Antonius von Padua« des Brescianer Renaissancemalers Girolamo da Romano, genannt Romanino (1486 bis 1562). Von ihm stammt auch die schöne »Madonna mit Kind und den Heiligen Bonaventura und Sebastian« über dem gotischen Polyptychon zwischen der 1. und 2. Kapelle links.

Nicht weit vom Dom, an der Seepromenade Lunglago Zanardelli, liegt der **Palazzo della Magnifica Patria** (16. Jh.), ehemals Sitz des venezianischen Statthalters, der durch einen schönen Arkadengang mit dem **Palazzo del Podesta** (Rathaus, 16. Jh.) verbunden ist, Früher tagte hier der Rat »Communità della

Salò hat eine der schönsten Uferpromenaden am Gardasee

Riviera«, heute Sitz der Stadtpolizei. Auch das kleine **Museo Civico Archeologico A.M. Mucchi** befindet sich darin mit Funden aus der Römerzeit (Lungolago Zanardelli 55, Tel. 0365 20 661, Mo–Fr 10 bis 12 Uhr).

Historisch Interessierte erkunden das **Museo Storico Militare del Nastro Azzurro** mit einer Sammlung von Stichen u. a. aus napoleonischer Zeit (Via Fantoni 49, Tel. 0365 29 07 65, www.museonastroazzurro.it, Sa/So 10–12 und 15–18 Uhr).

Im 2 km entfernten Vorort Barbarano liegt das sehenswerte, im 15. Jh. errichtete **Kapuzinerkloster** mit der Klosterkirche, deren Portal beeindruckt.

Der nahe **Palazzo Martinengo** (16 Jh.) inmitten eines zypressenbestandenen Parks fungiert heute als Sommersitz der Familie Martinengo und ist deshalb für Besucher nicht zugänglich. Man kann ihn aber vom Wasser aus bewundern, wenn man das Boot von Salò Richtung Gardone Riviera › **S. 82** nimmt.

Ravioli-Herstellung in der Trattoria alla Campagnola in Salò

Info

IAT

- Piazza Sant'Antonio bei Piazza della Vittoria
- im Rathaus
- Tel./Fax 0365 214 23
- www.lagodigarda.it

Hotels

Duomo ●●●

Traumlage direkt an der Seepromenade, gediegener Komfort, prima Frühstück und gute Küche im Restaurant Rosa.

- Lungolago Zanardelli 63
- Tel. 0365 210 26
- www.hotelduomosalo.it

Hotel Laurin ●●●

Romantikhotel mit Jugendstilambiente, das zu den schönsten am See gehört.

- Viale Landi 9
- Tel. 0365 220 22
- www.hotellaurinsalo.com

Terrazzo ●–●●

Einfaches Quartier, sehr nah an Promenade und Zentrum. Schöne Terrasse mit Seeblick.

- Via Bertoni 16
- Tel. 0365 201 52
- www.hotelterrazzo.it

Panoramica ●

Neben der Aussicht ist auch die Küche bemerkenswert, beides bekommt man zu einem wirklich fairen Preis – auf einem Hügel 2 km von der Altstadt entfernt.

- Via del Panorama 28
- Tel. 0365 412 69
- www.panoramica.org

Restaurants

Antica Trattoria alle Rose ●●
Fisch aus dem See und Käseaufläufe.
- Via Gasparo da Salò 33
- Tel. 0365 432 20
- www.trattoriaallerose.it
- Mi geschl.

Trattoria alla Campagnola ●●
Freundlicher Familienbetrieb mit kreativer Regionalküche.
- Via Brunati 11
- Tel. 0365 221 53
- Mo und Di mittags geschl.

Q. B. Quanto Basta ●–●●
Das nette Ambiente stimmt, die Küche ist ausgezeichnet, alles wird frisch zubereitet und das Preisleistungsverhältnis stimmt auch.
- Via del panorama 5/7
- Tel. 0365 52 04 21
- www.qbquantobasta.com

Shopping

Hinter dem Rathaus beginnt im Herzen der Altstadt die Flaniermeile Via Butturini, die nahtlos in die von attraktiven Läden flankierte Via San Carlo übergeht und von der nicht minder anziehenden Via Zanelli abgelöst wird.

Ausflug ins Val di Sur 33

Zum 568 m hohen Aussichtsberg **Monte San Bartolomeo** führt eine kurvenreiche Straße über die gleichnamige Ortschaft. Das Val di Sur im Hinterland ist von Serniga bzw. San Michele über eine enge, steile Straße zu erreichen. Von dort gibt es Wanderwege zum Rifugio Pirlo, Ausgangspunkt für den zweistündigen Aufstieg zum **Monte Pizzocolo** (1582 m) oder zum **Passo di Spino** (1160 m) etwa 2 Std.

Verträumte Märcheninsel Isola del Garda

Isola del Garda 34

Das bereits im Altertum bewohnte Eiland zählte im 19. Jh. zum Besitz der Grafen Lechi, heute gehört es der Familie Borghese, die einige Zimmer des neogotischen Palastes und den herrlichen Garten für Besucher im Rahmen von Führungen geöffnet hat › S. 74 (www.isoladelgarda.com). Anreise per Schiff von Gardone Riviera, Salò, Desenzano, Sirmione, Barbarano und Bardolino.

Valténesi

Südlich von Salò kommt man in die liebliche, hügelige Moränenlandschaft der Valténesi, die als Weinanbaugebiet bei Feinschmeckern ihren Ruf vor allem dem blassroten Roséwein Chiaretto verdankt. Dass die Geschichte dieser Gegend nicht immer friedlich verlief, bezeugen die trutzigen Festungsanlagen auf den umliegenden Hügeln. Heute sind aber nur noch Ruinen sichtbar, hinter denen sich kleine Gemeinden komfortabel eingerichtet haben. Zahlreiche, preisgünstige Ferienanlagen, Campingplätze und gute Bademöglichkeiten machen die Gegend zu einem idealen Ziel für preiswerten Familienurlaub.

San Felice del Benaco 35

Der Valtenesi-Ort thront auf einem Hügel. In der Pfarrkirche **SS Felice, Audato e Flavia** aus dem 18. Jh. bewundert man ein Gemälde von Girolamo da Romano. Die Schutzheiligen werden am 30. August gefeiert. Über enge Sträßchen gelangt man zu den Badebuchten von **Porto San Felice** und der Halbinsel **San Fermo,** die ein schmaler Streifen Wasser von der größten Seeinsel, der Isola del Garda › **S. 87**, trennt.

Manerba del Garda 36

Der Hauptort der Gemeinde Manerba ist das 128 m hoch gelegene **Solarolo,** die schönste Aussicht bietet bei Montinelle die **Rocca di Manerba** (218 m), wo fantasievolle Beobachter in dem Klippenvorsprung das Dante-Profil erkennen. Von der Felsnase der Punta Belvedere wiederum überblickt man die reizvolle **Bucht von San Felice** mit der kleinen Insel San Biagio. Sehenswert ist die 3 km nördlich des Ortsteils Pieve Vecchia inmitten von Weinbergen liegende, freskengeschmückte Wallfahrtskirche ***Santa Maria del Carmine** (15. Jh.). Lieblichen Charme strahlt die von einem einheimischen Künstler des 15. Jhs. gemalte Verkündigungsszene im Chor aus, und die aus Holz geschnitzte Madonnenfigur »Patrona della Valtenesi« zwischen Heiligen und Engeln ist einfach bezaubernd.

Moniga del Garda 37

Beschützt von zinnenbewehrten Burgmauern aus der Zeit, als hier die Visconti und die Scaliger ihre heftigen Fehden austrugen, duckt sich eine der hübschesten Valtenesi-Ortschaften. Das beschauliche Moniga ist ein Zentrum der Chiaretto-Produktion, den man in einer Bar am stimmungsvollen Hafen genießen kann.

Restaurant

Capriccio ●●●
Gaumengenüsse vom feinsten im erlesenen stilvollen Rahmen sind in diesem Sterne-Restaurant selbstverständlich.
- Piazza S.Bernardo, 6
- 25080 Manerba d/Garda
- Tel. 0365 55 11 24
- www.ristorantecapriccio.it

Al Porto ●●–●●●
Man speist ausgezeichneten Fisch aus dem See auf der schattigen Terrasse direkt am Hafen.
- Via del Porto 29
- Tel. 0365 50 20 69
- www.trattoriaporto.com
- Mi geschl.

Entlang der Moränenhügel

Schon von Weitem sind die Ruinen der Burg von **Padenghe sul Garda** 38 aus dem 10. Jh. sichtbar, die zur

Burgruine in Panoramalage in Padenghe sul Garda

Scaligerzeit über das Bauernstädtchen am Gardasee wachte. Diese südlichste Ortschaft der Valténesi liegt auf einem Hügel in herrlicher Panoramalage.

Lohnenswert ist der Besuch des Weinguts Zuliani, einer der größten (und auch besten) Produzenten in der Region. Vor allem die schon seit römischer Zeit kultivierte Groppello-Traube ist Grundlage vieler köstlicher Weine (Azienda Agricola Zuliani, Via Tito Speri 28, 25080 Padenghe sul Garda, Tel. 030 990 70 26, www.vinizuliani.it; Mo bis Sa 9–12.30, 15–19 Uhr).

Von hier geht es weiter, vorbei an Olivenhainen und Reben, zum höchsten Punkt des Valténesi, zum Dorf **Soiano del Lago** 39, das sich um eine kleine Festung schmiegt, von der man einen wunderbaren Blick genießt.

Restaurant

Ristorante Al Monastero ●●●
Wellnesshotel mit wunderschön angelegtem Park und hervorragender Brescianer Küche.

- Via Paolo ed Enrico Avanzi 1
- 25080 Soiano del Lago
- Tel. 0365 50 22 03
- www.monastero.it
- Di geschl.

Aktivitäten

Golf spielen in herrlichster Lage und mit traumhaften Ausblicken kann man auf dem Platz des **Garda Golf Country Club** in Soiano › **S. 23.**

Das Südufer

Das Beste!

- Sich in Sirmiones mächtiger Scaligerburg wie ein Ritter fühlen › S. 93
- An den berühmten Kalkterrassen von Sirmione ein erfrischendes Bad nehmen › S. 94
- In Caneva World seinen Mut in den Fahrgeschäften unter Beweis stellen › S. 101
- Im Parco Giardino Sigurtà in einer der schönsten Gartenanlagen Italiens lustwandeln › S. 105

› Karte S. 92

Mit Perlen wie der malerischen Halbinsel Sirmione, dem charmanten Desenzano und Vergnügungsparks à la Gardaland punktet das Südufer bei Feriengästen. Auf Schritt und Tritt begegnet man hier auch Italiens jüngerer Geschichte.

Am Südufer des Gardasees haben sich in Jahrtausenden die von den Zuflüssen des Sees mitgeführten Geröllmassen abgelagert und eine bezaubernde Hügellandschaft geschaffen. Der fruchtbare, mineralreiche Boden ist ideal für die Landwirtschaft, die Hänge scheinen mit ihrer sanften Neigung geradezu prädestiniert für den Weinbau.

Man bewegt sich zudem auf historischem Boden: Im 19. Jh. wurde in dieser Gegend in blutigen Schlachten die Einigung des Königreichs Italien gegen die Habsburger erkämpft.

Der Übergang vom Wasser zum Land vollzieht sich, anders als im Norden, sehr sanft. Das Südufer besitzt die meisten und beliebtesten Strände. Hier finden sich mit Desenzano und Peschiera die größten Gardasee-Städte. Ebenfalls am Südufer haben sich die großen Freizeit- und Themenparks **Gardaland** und **Caneva World** angesiedelt.

Ein Juwel am Südufer ist **Sirmione**. Dem Zauber dieser weit in den See ragenden, schmalen Halbinsel mit ihrer mächtigen Scaligerburg kann man sich kaum entziehen. Schon die Etrusker und die Römer schätzten die prominente Lage. Die Thermen Catulo und Virgilio bieten exzellente Spa- und Kureinrichtungen.

Tour in der Region

Tour 10 Wo Italiens Einheit erkämpft wurde

Tour-Übersicht:

Verlauf: **Peschiera del Garda › Custoza › Borghetto di Valeggio sul Mincio › Solferino › San Martino della Battaglia › Peschiera del Garda**

Dauer: 1 Tag, 80 km

Praktische Hinweise:

- Diese Tour ist für das Auto konzipiert. Auf gut ausgebauten Landstraßen fährt man durch die reizvolle Hügellandschaft und genießt die herrlichen Ausblicke. Im Spätsommer, und besonders im Herbst, beeindruckt die Landschaft durch ihre Farbenpracht.

Blick von der Burg auf Sirmione

Tour-Start:

Ausgangspunkt der Tour ist **Peschiera del Garda** › **S. 101**, dessen strategische Bedeutung durch die Lage am einzigen Abfluss des Sees, dem Mincio, bedingt war. Noch heute zeugt der breite Bastionsgürtel um die malerische Altstadt von der Absicht, feindliche Schiffe an der Einfahrt in den See zu hindern. Dem Mincio in südlicher Richtung folgend, geht es hinauf in das Dörfchen Salionze, wo man auf die Straße nach ***Custoza** › **S. 106** trifft. 1848 und 1866 rangen hier auf den Feldern und Wiesen der Gegend die Österreicher gegen die verbündeten Truppen von Italienern und Franzosen.

Von Custoza fährt man weiter nach Westen, nach ****Borghetto di Valeggio sul Mincio** › **S. 104**, wo die **Visconti-Brücke Zeugnis von einer bemerkenswerten Machtdemonstration des 14./15. Jhs. ablegt. Später verlief auf ihr die Grenze zu Österreich. Nach einem Spaziergang auf der Brücke sollte man im stimmungsvollen Ort zu Mittag essen – hier gibt es angeblich Italiens beste Tortellini!

Anschließend geht es in westlicher Richtung entlang der SP 24 nach ***Solferino** › **S. 103**, Schauplatz der blutigsten Auseinandersetzung in den Einigungskriegen. Von der Rocca reicht hier der Blick über die einstigen Schlachtfelder, und das Museo storico informiert anschaulich über diese Ereignisse. Bei einem Besuch des Ossariums der Kirche San Pietro, in dem die Knochen von rund 7000 Gefallenen aufbewahrt werden, kann man sich des Schauderns nicht erwehren.

Ein Abstecher führt ins ca. 5 km entfernte Städtchen **Castiglione delle Stiviere** › **S. 104**, an den Ort, wo

Tour am Südufer

Tour 10

Wo Italiens Einheit erkämpft wurde **Peschiera del Garda › Custoza › Borghetto di Valeggio sul Mincio › Solferino › San Martino della Battaglia › Peschiera del Garda**

› Karte
S. 92

der junge Schweizer Henri Dunant den Entschluss zur Gründung des Roten Kreuzes fasste. Der Geschichte der humanitären Organisation ist das Museo Internazionale della Croce Rossa gewidmet.

Die letzte Station der Tour führt von Solferino in nördliche Richtung, wieder zum See, durch eine sanfte Hügellandschaft zum Mahnmal von ***San Martino della Battaglia** › S. 102, dessen 74 m hoher Turm schon von Weitem zu sehen ist. Von seiner Plattform hat man an klaren Tagen einen traumhaften Blick über das Südufer des Gardasees; in seinem Inneren führen große Panoramabilder Ereignisse der Einigungskriege vor Augen. Entlang der Uferstraße geht es anschließend zurück nach Peschiera del Garda, wo man in der hübschen Altstadt den Tag ausklingen lässt.

Das Scaligerkastell in Sirmione

Unterwegs am Südufer

**Sirmione 1

Das hübsche Städtchen (7500 Einw.) liegt an der Spitze einer 4 km weit in den See hineinragenden flachen Halbinsel, die sich an ihrem Ende verbreitert und mit drei Felsenhügeln aus dem leuchtenden Blau des Wassers emporsteigt. Besonders stimmungsvoll ist es, sich der Stadt auf dem Wasserweg zu nähern.

Blickfang ist die mächtige ***Wasserburg der Scaliger**, die besterhaltene Festungsanlage Norditaliens. Mastino I. della Scala ließ diesen Wehrbau mit zinnengekrönten Ringmauern, Torbögen, Zugbrücken, Fallgittern und Schießscharten 1250 auf dem einstigen römischen Osthafen errichten. Ein massiver, 30 m hoher Turm, *Mastio* genannt, überragt das Kastell. Von seiner Spitze überblickt man den Südteil des Gardasees (im Sommer tgl. 8.30–19, sonst bis 17 Uhr).

Ein einziges Tor führt in Sirmiones Altstadt mit ihrem Gassengewirr und pittoresken Häusern. Das geschäftige Treiben nimmt spätestens beim **Thermalbad**, ein hässlicher Zweckbau, wieder ab. Jetzt beginnt auf dem Weg zu den Grotten des Catull eine spärlich bebaute Gartenlandschaft in Richtung Inselspitze. Inmitten einer üppigen Vegetation steht auf der Spitze des Mavino-Hügels das Kirchlein ***San Pietro in Mavino**, im 8. Jh. von langobardischen Mönchen erbaut und im Laufe der Jahrhunderte auf vier übereinander liegenden Kalkschichten mit Fresken ausgestattet (tgl. von 8 Uhr bis Sonnenuntergang).

Der Dichter Gaius Valerius Catullus (87–45 v. Chr.) hat zwar niemals in der nach ihm benannten Grotten bzw. Villa am Nordende der Halbinsel von Sirmione gewohnt, seine Verse »Salve, o venusta Sirmio …« besangen aber bereits vor zwei Jahrtausenden die Vorzüge der Landschaft an diesem Uferabschnitt des Gardasees.

An der Spitze der Halbinsel erstrecken sich die Reste einer über 17 000 m² großen römischen Anlage, die sog. ****Grotten des Catull.** Der zu seiner Zeit wegen seiner deftigen Liebesverse nur wenig geschätzte Dichter konnte die Anlage nicht gekannt haben, da er rund 200 Jahre vor ihrer Errichtung starb. Welche Funktion dieser gewaltige Gebäudekomplex einst innehatte, lässt sich nur vermuten. Wahrscheinlich handelte es sich um ein kaiserliches Gästehaus oder gar einen kaiserlichen Palast mit angeschlossenem Thermalbad. Ein Schwimmbecken wurde über Bleirohre von den Boiola-Quellen am Seeufer gespeist. Die schwefelhaltigen, 69 °C heißen Quellen wurden schon im 16. Jh. wiederentdeckt, aber erst 300 Jahre später gefasst.

Das kleine **Museum** am Eingang der erst teilweise freigelegten archäologischen Zone lässt anhand einiger erlesener Fundstücke die einstige Prachtentfaltung des römischen Bauwerks erahnen (März bis Mitte Okt. Di–So 9–18, Winter 8.30–16 Uhr). Wer seine Badesachen dabei hat, sollte die Gelegenheit nutzen, ein Bad im See an den berühmten Kalkterrassen direkt vor der Anlage zu nehmen. Erstklassig

Erst-klassig

Die attraktivsten Badeplätze

- Ein Bad am einmaligen Naturschauspiel der **Kalkterrassen von Sirmione** ist ein Muss für Wasserratten. › **rechts**
- Auf dem **Lido delle Bionde** in **Sirmione** kann man unterhalb von Olivenbaumterrassen am breiten Kiesstrand das kühle Nass genießen.
- Ein erfrischendes Bad vor dem Panorama des Monte Baldo: kein Problem am **Lido di Soprì** bei **Malcesine.**
- Direkt am Zufluss des Gardasees, der Sarca, kann man in Torbole › **S. 55** in den **Bagni Lido Blu** wunderbar baden.
- Wenn die Punta San Vigilio der schönste Ort der Welt sein soll, dann ist die **Baia delle Sirene** die schönste Badebucht. › **S. 64**
- So exklusiv wie in Gardone Riviera selbst geht es auch am gepflegten **Hausstrand** der Gemeinde in **Barbarano** zu.
- Nicht nur Baden, sondern auch Sehen und Gesehenwerden spielen eine wichtige Rolle an den **Stränden um Bardolino.**

Info

IAT

- Viale Marconi 2
- Tel. 030 91 61 14
- www.bresciaholiday.com

Hotels

Grand Hotel Terme ●●●
Elegantes 5-Sterne-Grand-Hotel im Schatten der Scaligerburg mit angeschlossenem Wellnesszentrum »Aquaria«.
- Viale Marconi 7 | Tel. 030 990 49 22
- www.termedisirmione.com

Palace Hotel Villa Cortine ●●●
t-! ssig
Residieren wie ein Fürst, umgeben von einem wunderschönen Park: Ein Traum von einem Hotel.
- Viale C. Gennari 2 | Tel. 030 990 58 90
- www.palacehotelvillacortine.com

Flaminia ●●
Geräumige helle Zimmer und ein kleiner Spa-Bereich machen das jüngst renovierte Haus mit seiner exzellenten Lage zu einem Geheimtipp.
- Piazza Flaminia 8
- Tel. 030 91 60 78
- www.hotelflaminia.it

Rossi Appartamenti ●●
Apartments mit Hotelservice, direkt am See mit eigenem Strand.
- Via Condominio 2 | Tel. 030 990 41 88
- www.rossionline.it

Benaco ●
Freundliches Hotel im Ortsteil Colombare, Pool, Garage, Parkplatz.
- Via Colombare 45
- Tel. 030 91 91 03
- www.hotelbenaco.net

Restaurants

La Rucola ●●●
Hier sind Stern- und Haubenköche am Werk: anspruchsvolle und leichte mediterrane Küche.
- Vicolo Strentelle 3
- Tel. 030 91 63 26
- Do geschl.

Risorgimento ●●●
Spitzenrestaurant, das bekannt für seine exquisite Gardaseeküche mit mediterranem Touch ist. Terrasse direkt an der Piazza.
- Piazza Carducci 5/6
- Tel. 030 91 63 25
- Di geschl. (nicht im Juli/Aug.).

Signori ●●●
Modern und elegant eingerichtet mit schöner Terrasse am See, saisonal geprägte Kreativküche. Mit guter Weinkarte.
- Via Romagnoli 17
- Tel. 030 91 60 17
- www.ristorantesignori.it
- Mo geschl.

Osteria al Torcol ●●
Ein idyllischer Garten lädt mitten in der Altstadt zum Genuss lokaler Spezialitäten ein.
- Via San Salvatore 30
- Tel. 030 990 46 05
- Außerhalb der Hauptsaison Mi geschl.

Osteria del Pescatore ●
Das preiswertes Lokal liegt in der Altstadt und bietet neben Fischgerichten auch leckere Pizze.
- Via Piana 22
- Tel. 030 91 62 16
- Mi geschl.

Eiscafé

Gelateria Gino
Erst-! klassig
Eine Institution seit dem Jahr 1965. Sirmiones führender Eissalon wurde

› Karte S. 92

Buntes Nachtleben am Hafen von Desenzano del Garda

schon 1987 auf der internationalen Eis-Expo preisgekrönt. Top-Favoriten sind die Erdbeer- und Himbeer-Sorbetti, das Haselnuss- und das Schokoladeneis aus geschmolzener Edelschokolade.

- Piazza Flaminia 2

Aktivitäten

Die modernen Thermalanlagen Sirmiones gehören zu den renommiertesten Italiens.

Stabilimento Termale Catullo

- Via Staffalo
- Aquaria: März–Okt. tgl. 10–22, Do 12–24, Sa 10-24 Uhr, im Winter unterschiedliche Öffnungszeiten, Kuren nach Vereinbarung.

Stabilimento Termale Virgilio

- Via Alfieri (Loc. Colombare) an der Hauptstraße Peschiera – Desenzano
- März–Okt. Mo–So 7–18.30 Uhr; sonst nur bis 12.30 Uhr.

Info und Kuranmeldungen für beide:

- Tel. 030 990 49 23
- www.termedisirmione.com

*Desenzano del Garda 2

Mit ihren mehr als 27 000 Einw. ist die am Südwestende liegende Stadt der größte und auch lebendigste Ort des Gardasees. Schon unter den Römern wurde in dem seit prähistorischer Zeit besiedelten Hafen Handel betrieben, eine Tradition, die sich seit dem Mittelalter bis heute fortgesetzt hat. Der riesige Wochenmarkt jeden Dienstagvormittag an der Seepromenade lockt ebenso wie die zahlreichen Eisdielen und Straßencafés an der von Arkaden umgebene Piazza. Wenige Schritte vom Hauptplatz entfernt verbirgt sich am Ende des Seitengässchens Via Crocefisso (Beginn links vom Dom) die ***Villa Romana** (3. Jh. n. Chr.). Sie besteht aus mehreren Gebäudekomplexen; man vermutet eine Thermenanlage des 1. Jhs. und eine frühchristliche Basilika (um 400). Hauptattraktion ist die Prunkvilla mit den Überresten von 240 m² Mosaikfußboden. Die einzelnen Mosaikfelder stellen Putten bei der Jagd, beim Fischen oder bei der Weinlese dar und spiegeln ironisch die Vorliebe des Hausherrn für das Wohlleben. Ein Museum (»L'Antiquarium«) im Eingangsbereich der Villa zeigt in drei Sälen bei den Ausgrabungen entdeckte Fundstücke (März–Okt. Di bis So 8.30–19, Nov.–Febr. 8.30 bis 17 Uhr, Tel. 030 914 35 47, www.archeologica.lombardia.beniculturali.it).

Im Dom **Santa Maria Maddalena** (um 1600) an der Piazza del Duomo beeindruckt in der 2. Kapelle links Tiepolos Frühwerk »Letztes Abendmahl« durch die raffinierte Lichtführung. Auch die Monumentalgemälde des Venezianers Andrea Celesti (1637–1712) an der Innenfassade und in der Apsis sind sehenswert. Der Aufstieg zu den Ruinen des mittelalterlichen **Castello** über der Stadt lohnt vor allem wegen der grandiosen Aussicht.

Info

IAT
- Via Porto Vecchio 34
- Tel. 030 914 15 10
- www.visitgarda.com

Hotels

Hotel Lido International ●●●
Gediegenes Haus in ruhiger Lage direkt am See, Pool, sehr schöne Aussichtsterrasse mit Blick auf die Halbinsel von Sirmione.
- Via Tommaso dal Molin 63
- Tel. 030 914 10 27
- www.lido-international.com

City ●–●●
Sympathisches modernes Stadthotel mit allem Komfort in ruhiger Lage.
- Via Nazario Sauro 29
- Tel. 030 991 17 04
- www.hotelcity.it

Piroscafo ●●
Solider Familienbetrieb direkt am alten Hafen; lassen Sie sich ein Zimmer mit Balkon geben!
- Via Porto Vecchio 11
- Tel. 030 914 11 28
- www.hotelpiroscafo.it

Restaurants

Antica Hostaria Cavallino ●●●
Sehr elegante Topadresse für Feinschmecker mit Tischen auch im Freien.
- Via Murachette 29
- Tel. 030 912 02 17
- Mo ganztags und So abends geschl.

Esplanade ●●●
Herrliche Seeterrasse, exzellente Fischterrinen und Dolci, ein Michelin-Stern.
- Via Lario 3
- Tel./Fax 030 914 33 61
- Mi geschl.

La Cantina Dè Corte Pozzi ●–●●
Enothek mit leckeren Aufschnittplatten.
- Via Castello 15
- Tel. 030 914 19 80

Eiscafés

Vivaldi
Der Eismacher an der Uferstraße ist auf Halbgefrorenes und Sorbets spezialisiert. Unbedingt probieren: die Eistramezzini!
- Via Matteotti 9

Erst-! klassig

SPECIAL

Kuren in Wellen und Grotten

Schon die alten Römer wussten die Thermalquellen um den Gardasee besonders zu schätzen. Die luxuriöse Badeanlage in der Villa des Catull in Sirmione › S. 93 ist ein Beispiel dafür.

Heute ist der Lago di Garda nicht nur ein Fitness-, sondern auch ein Wellnesziel erster Klasse.

Ganz schön auf Kur

Sirmiones schickste Wellnessadresse, das **Grand Hotel Terme** › S. 94 mit seiner prächtigen Seeterrasse, ist auf Wellnesspackages spezialisiert und bietet »Rundumerneuerung« in der hauseigenen Thermal- und Beauty-Farm sowie bei Gymnastikkursen.

Kleiner und intimer geht es im Thermalhotel **Fonte Boiola** zu. Das Haus verbindet ein angenehmes Ambiente mit dem Komfort eines großen Thermalzentrums.

- **Hotel Fonte Boiola** ●●
  Viale Marconi 11
  25019 Sirmione
  Tel. 030 990 49 22
  www.termedisirmione.com

Wellness für Italienromantiker

Der 5000 m² große Thermalsee der **Villa dei Cedri** bei Colà di Lazise ist einzigartig. Hier kann man unter italienischen Familien einen Tag verbringen, die palladianische Villa anschauen oder durch den Park spazieren. In die Römerzeit zurückversetzt fühlt man sich, wenn man in Sommernächten in den stimmungsvoll illuminierten Grotten badet.

- **Villa dei Cedri** ●●●
  Piazza di Sopra 4
  37010 Colà di Lazise
  Tel. 0457 59 09 88
  www.villadeicedri.com

 Bild oben: Sirmione ist bekannt für seine Thermalanlagen

Verwöhnprogramm in Gardone Riviera

La Maison du Relax im Villenort Gardone bietet ein ausgefeiltes Programm für Körper und Seele und eine Seeterrasse mit Pavillon, um abends entspannt auf die Wellen zu blicken – allerdings nicht bei einem Glas Rotwein, sondern beim ungezuckerten Fruchtdrink.

Schönheitsprofis sind auch im Beauty-Hotel **Villa Paradiso** im nahen Fasano am Werk, das unter gleicher Leitung steht und ebenfalls die ganze Wellnesspalette anbietet.

- **La Maison du Relax ●●●**
  Via Zanardelli 126
  25080 Gardone Rivieria
  Tel. 0365 29 04 84
- **Villa Paradiso ●●●**
  Via Zanardelli 254
  25080 Fasano del Garda
  Tel. 0365 29 48 11
- Webseite für beide:
  www.villaparadiso.com

Schlammpackung und Unterwassermassage

Wo die Römer einst schlemmten, kuren heute gern Einheimische: Die 1889 gefassten, knapp 70 °C heißen unterseeischen Schwefelquellen der **Thermen von Sirmione** sollen bei akuten und bei chronischen HNO-Leiden Wunder wirken, ebenso bei Rheuma, Muskelbeschwerden und Hautkrankheiten. In dem nüchternen Kurhaus von Sirmione kann man in ein spezielles Becken mit salz-, jod- und bromhaltigem Wasser tauchen.

Öffentliche Thermalbäder in Sirmione sind die hochmodernen Anlagen **Stabilimento Termale Catullo** › S. 95 und **Stabilimento Termale Virgilio** › S. 95. Thermal- und Wellnessfreuden für jedermann bietet das Aquaria der Catullo Therme mit Innen- und Außenthermalbecken, Saunen, Dampfbädern, Erlebnisduschen, Salzzimmer und diversen Massagen – mit Seepanorama. Informationen und Anmeldungen für beide: Tel. 030 990 49 23 und www.termedisirmione.com.

Fit mit Olivenöl

Statistisch ist gesichert: Die ältesten, wenn nicht sogar die schönsten Männer Italiens leben in den kleinen Bergdörfern oberhalb von Limone. Ihr Erfolgsgeheimnis: die mit dem säurearmen, milden Garda-Olivenöl zubereitete Kost (gilt als Herzinfarktblocker), tägliche Fitnessspaziergänge in steilen Olivenhainen und zum Essen (aber nur zum Essen) ein gutes Glas Wein. So wird der Gardasee zum wahren Gesundbrunnen. Probieren Sie es aus!

Traubenkur in Bardolino

Eine Meraner Idee findet auch am Gardasee immer mehr Anhänger: Im Herbst bieten Stände und die meisten Restaurants von Bardolino frischen roten Traubenmost an. Eine Trinkkur, die die Saison bis in den November hinein verlängert – für kulturelles Begleitprogramm ist gesorgt.

- **IAT**
  Piazzale Aldo Moro
  37011 Bardolino
  Tel. 045 721 00 78
  www.comune.bardolino.vr.it/turismo/

› Karte S. 92

Café Bar Agorà

Erst-! klassig

Schicke Gelateria mit spanischem Art-déco-Interieur. Über 30 Sorten Eis!

- Piazza Malvezzi 10

Nightlife

Disco Dehor

Größter Tanzschuppen weit und breit. Neben Mottopartys meist House und Dance Music.

- Via Fornace dei Giorghi 2 an der Straße nach Castiglione delle Stiviere
- Do–Sa 22–4 Uhr

Shopping

Visconti

Kellerei mit erstklassigen Weinen.

- Via C. Battisti 139
- Tel. 030 912 06 81

Großer Antiquitätenmarkt auf der Piazza Malvezzi jeden 1. Sonntag im Monat (außer Jan. und Aug.).

Rocca und Kathedrale von Lonato

Ausflüge von **Desenzano**

Lonato 3

Das typische lombardische Städtchen ist in die Geschichte eingegangen: Hier gewann Napoleon 1796 die Schlacht gegen die Österreicher. Ein grandioses Panorama mit der mächtigen Kuppel der **Barockkathedrale San Giovanni Battista** (1738 bis 1780 errichtet) und dem hoch aufragenden Stadtturm **Torre Maestra** bis in die lombardische Ebene bietet sich von der imposanten Burgruine **Rocca** (11. Jh.). Auf dem Weg zur Festung kommt man an der ***Casa del Podestà** vorbei, im Mittelalter Sitz des Stadtvogts. Der Politiker, Historiker und Kunstsammler Ugo Da Como hat das Anwesen im 19. Jh. mit erlesenen Möbeln, Gemälden und einer reich bestückten Bibliothek liebevoll ausgestattet (Fondazione Ugo Da Como, Tel. 030 913 00 60, www.fondazioneugodacomo.it; Juli und Aug. tgl. 10–12, 14.30–18.30 Uhr, sonst nur Sa, So, Fei und nach Vereinbarung).

*Abbazia di Maguzzano 4

Wer Einkehr halten und für eine Weile das turbulente Leben rund um das in Sichtweite liegende Desenzano vergessen möchte, fährt zu der 5 km nördlich von Lonato liegenden ehemaligen Benediktinerabtei Abbazia di Maguzzano.

Ende des 9. Jhs. errichtet, wurde die »Abbatiola« von den Hunnen 922 zerstört und nach dem Wiederaufbau im 14. Jh. von Soldaten der Visconti geplündert. Im 15. Jh. erhielten die Kirche und der zauberhafte, blumengeschmückte Kreuzgang ihr heutiges Aussehen. Napoleon löste das Kloster 1797 auf, in dem u. a. der von Heinrich VIII. verbannte englische Kardinal Reginald Pole Zuflucht gesucht hatte. Im 19. Jh. verfiel die leer stehende Abtei, bis sie 1904 von Zisterziensermönchen aus Algerien gekauft und buchstäblich im letzten Moment gerettet wurde.

Als »Centro Ecumenico Abbazia di Maguzzano« setzt die einstige Abtei heute nicht nur das Werk Don Calabrias fort, sie bietet als »Casa di Spiritualità« auch Klosterurlaub für jedermann an (Informationen: Abbazia du Maguzzano, 25017 Lonato, Tel. 030 913 01 82, www.abbaziadimaguzzano.it).

Peschiera del Garda 5

Seit der Römerzeit eine strategisch wichtige Festung, die auch Dante in seiner »Göttlichen Komödie« verewigte (20. Gesang der Hölle), hat das einstige Fischerstädtchen viel von seinem Charme eingebüßt. Der gut 2 km lange Bastionsgürtel, der den Ortskern umschließt, stammt aus venezianischer Zeit und wurde von Napoleon und danach von den Österreichern verstärkt. Seine gigantischen Ausmaße sind am besten zu erfassen, wenn man mit einem Boot durch die Mauergräben fährt.

Sehenswert sind die kleine, malerische Altstadt, die auf einer Insel am Beginn des Mincio errichtet wurde, und der Hafen.

Info

IAT

- Piazzale Betteloni 15
- Tel. 045 755 16 73
- www.visitgarda.com

Hotel

San Marco ●●

Nur 500 m zur Altstadt und 200 m zur nächsten Badestelle, modern ausgestattete Zimmer.

- Lungolago Mazzini 15
- Tel. 045 755 00 77
- www.hotelsanmarcopeschiera.it

*Gardaland 6

11

Das Nonplusultra für alle, die Disneyland noch nicht kennen, ist Gardaland. Der kleine Bruder des großen US-Vergnügungsparks wartet mit perfekt organisierten Veranstaltungen wie Delfinshows, Paraden, artistischen Vorführungen, Tänzen und einer fantasiereichen Abenteuerwelt auf. Auch Karussells, Achterbahnen und andere Attraktionen fehlen nicht. An Wochenenden, vor allem in der Hochsaison, ist der Park ein recht überlaufenes Ziel. Infos zu Adresse, Öffnungszeiten, Eintrittspreisen usw. › **S. 21**.

Caneva World 7

Der Freizeitpark bietet reichlich Action. Herzstück der Anlage ist der riesige **Aquapark**. Zu seinen Attraktionen zählen waghalsige Riesenrutschen, eine Piratenlagune, eine Fahrt entlang des »Crazy River«. Becken von verschiedener Größe und Wassertiefe ermöglichen den

Besuch der Anlage auch mit kleineren Kindern. **Movieland**, der zweite Themenpark in Caneva World, entführt in die Welt des Films: Stuntshows und Einblicke hinter die Kulissen der Traumfabriken lassen nicht nur die Augen kleiner Besucher glänzen.

Wer sich am Abend in die Welt der Ritter entführen lassen will, der besucht das Themenrestaurant »Medieval Times«; Fans von Rockmusik steuern das Restaurant Rock Star mit All-you-can-eat-Buffet an und Westernbegeisterte am besten den Rodeo Grill an. Im Winter ist Caneva World geschlossen, die einzelnen Themenbereiche haben unterschiedliche Betriebszeiten (Caneva World, Loc. Fossaltà 58, 37017 Lazise, Tel. 045 696 99 00, www.canevaworld.it. Aquapark Mitte Mai–Mitte Sept. tgl. 10–18, Aug. bis 19 Uhr, Movieland Ende März–Anf. Nov. 10–18 Uhr, 25 € Tag, Kinder ab 1,40 m 19 €, diverse Packages.

Mahnmal von San Martino della Battaglia

*Madonna del Frassino 8

An dem winzigen See **Laghetto di Frassino** liegt eine der reizvollsten Wallfahrtskirchen weit und breit. Wo sich seit dem frühen 16. Jh. das alljährlich von Hunderttausenden Pilgern heimgesuchte Marienheiligtum erhebt, ereignete sich selbstredend einst ein Wunder: Die Gottesmutter höchstpersönlich soll an dieser Stelle im Mai 1510 als lichtumflutete Statue im Geäst eines Eschenbaums *(frassino)* erschienen sein, um einem von einer Giftschlange bedrohten Weinbauern zu Hilfe zu eilen. Die wundertätige, anmutige Madonnenskulptur ist heute in der niedrigen Seitenkapelle zu bewundern.

*San Martino della Battaglia 9

San Martino erinnert schon mit seinem Beinamen »della Battaglia« (von der Schlacht) an eines der grausamsten Blutvergießen in den italienischen Befreiungskriegen, die Schlacht von Solferino im Juni 1859, deren Schauplatz sich bis hierher erstreckte. Die österreichische Armee und französisch-piemontesische Divisionen lieferten sich erbitterte Kämpfe. Auf einer Hoch-

› Karte
S. 92

ebene gemahnt ein 1893 eingeweihter, 74 m hoher Turm an dieses Ereignis. Im Inneren stellen monumentale Wandgemälde in sieben übereinanderliegenden Sälen die Geschichte der italienischen Einigungsbewegung von 1848 bis 1870 dar. Etliche Fahnen, Waffen und Gedenksteine sind hier zur Erinnerung ausgestellt. Von der Plattform des Turmes genießt man einen herrlichen Rundblick.

Erst-! klassig

Direkt bei dem Mahnmal stellt ein kleines Museum Erinnerungsstücke an die Schlacht aus (März bis Sept. tgl. 9–12.30, 14.30 bis 19 Uhr, Okt.–Febr. Di–So 9–12.30, 14 bis 17.30 Uhr).

Außerhalb des Geländes, an der Zufahrtsstraße nach San Martino, befindet sich das **Ossario** (Beinhaus), in dem die Knochen, geordnet nach Gattungen, von ca. 3000 in der Schlacht Gefallenen meterhoch gestapelt sind. Ein Ort, den man nicht mit Kindern aufsuchen sollte (tgl. 9–12, 14–18.30 Uhr, www.solferinosanmartino.it).

*Solferino 10

In der Ebene, die sich von Solferino bis San Martino della Battaglia erstreckt, wurde die über 350-jährige Herrschaft der Habsburger über die Lombardei beendet. Nachdem die Piemontesen mithilfe der französischen Armee die Österreicher hier am 24. Juni 1859 in einer blutigen Schlacht geschlagen hatten, war der Weg frei für die italienische Einigung, die 1870 mit der Einnahme Roms vollendet war.

Auf einer kleinen Anhöhe im Ort birgt die barocke **Chiesa San Pietro in Vincoli** die Gebeine von etwa 7000 Gefallenen, das **Museo storico** im Parco della Rocca zeigt Bild- und Dokumentationsmaterial zur italienischen Geschichte, Waffen, Uniformen, Orden und andere Exponate aus der Zeit der Befreiungskriege (März–Sept. Di–So 9–12.30, 14.30 bis 19 Uhr, sonst nach Anmeldung, www.solferinoesanmartino.it).

Einen herrlichen Rundblick bietet auf der Anhöhe die ***Piazza Castello,** unbestritten einer der schönsten Plätze der Provinz Mantua, wo sich bereits im 11. Jh. eine Burg erhob. Hier steht auch die vielfach umgebaute San-Nicola-Kirche mit einem interessanten Detail an der Seitenfront. Eine erst 1987 (!) angebrachte Tafel verheißt: »Gewidmet der erneuerten Freundschaft Italien + Frankreich + Österreich«. Über eine stimmungsvolle Zypressenallee gelangt man vom zinnenbewehrten Burgplatz zum **Memoriale della Croce Rossa Internazionale**, 1959 zum 100-jährigen Bestehen des Roten Kreuzes aus Marmorblöcken errichtet, die aus den damaligen 148 Mitgliedsländern stammen.

Erst-! klassig

Die imposanteste Sehenswürdigkeit wartet inmitten der Parkanlage auf dem höchsten Punkt des Moränenhügels von Solferino: **La Rocca,** der 1022 errichtete, 23 m hohe Turm, während der Befreiungskriege »Spia d'Italia« – (Spion von Italien) genannt. Seine Lage in 206 m Seehöhe erlaubte die Sicht auf das von den Österreichern besetzte venezianische Territorium. Im Erdgeschoss sind u. a. Waffen und Münzen ausgestellt (Öffnungszeiten wie Museo storico).

Restaurant

Da Claudio ●●

Landestypische Küche in familiärer Atmosphäre.

- Via G. Garibaldi 35
- Tel. 0376 85 42 49
- Mo geschl.

Castiglione delle Stiviere 11

Einst residierte in Castiglione delle Stiviere eine Nebenlinie der Mantuaner Fürsten Gonzaga. Doch ein anderes Ereignis machte das Städtchen weltberühmt: In der Hauptkirche Chiesa Maggiore, wohin nach der Schlacht von Solferino 1859 Verwundete gebracht wurden, fasste der junge Schweizer Henri Dunant angesichts des Elends den Entschluss zur Gründung einer Hilfsorganisation, des Roten Kreuzes. Dessen Geschichte dokumentiert das **Museo Internazionale della Croce Rossa** in einem früheren Adelspalast (Via Garibaldi 50, Tel. 0376 63 85 05, www.micr.it; April bis Okt. Di–So 9–12, 15–18, Nov. bis März 9–12, 14–17 Uhr).

SEITENBLICK

Das Rote Kreuz

Henri Dunant (1828–1910), Kaufmann aus Genf, wollte 1859 angesichts von 40 000 Toten und Schwerverwundeten auf den Schlachtfeldern von Solferino nicht länger schweigen. Mit flammenden Berichten appellierte der damals 31-Jährige an das Gewissen der Menschheit, unermüdlich bereiste er Europa, um ein Hilfskorps zur Rettung der Verwundeten ins Leben zu rufen. Vier Jahre nach dem Gemetzel zwischen Italienern, Franzosen und Österreichern berief der Schweizer eine internationale Konferenz in seiner Heimatstadt ein, bei der das Rote Kreuz gegründet und der Grundstein zur Genfer Konvention gelegt wurde. 1901 erhielt der 73-Jährige den Friedensnobelpreis.

Restaurant

Hostaria Viola ●●

In einem schön ausgebauten Stall wird köstliche Mantuaner Küche serviert.

- Via Verdi 32
- Tel. 0376 63 82 77
- So abends und Mo geschl.

**Borghetto di Valeggio sul Mincio 12

Der bezaubernde Vorort im Schatten von Valeggios Scaligerburg wurde vor über 600 Jahren zum Schauplatz einer Machtdemonstration, wie sie das Abendland nur selten erlebt hat. Nichts Geringeres hatte Giangaleazzo Visconti, unermesslich reicher Herr über Mailand, 1393 im Sinn, als Mantua und Verona buchstäblich trockenzulegen und somit wehrlos zu machen. Ein Vermögen von 300 000 Goldgulden war ihm der Bau einer gigantischen Dammanlage wert, um die Wasser

› Karte S. 92

des Mincio um- und von Mantuas drei Seen abzuleiten.

Die Dimensionen zum Staunen: 600 m lang ist die Aufschüttung durch das Flusstal, 26 m breit und 10 m hoch. Der mit mächtigen Mauern befestigte Damm der ****Visconti-Brücke** wurde in nur acht Monaten Bauzeit fertiggestellt.

1438 wagten es nicht einmal die bis an die Zähne bewaffneten Venezianer, die Brücke anzugreifen, um dem von den Visconti belagerten Brescia zu Hilfe zu eilen. Dafür aber besaß Venedig die Kühnheit, seine Kriegsschiffe (6 Galeeren, 2 Galeonen, 26 Barken) mithilfe von 2000 Ochsen durch das Gebirge zu transportieren und bei Torbole wieder zu Wasser zu lassen.

In der Burg von Malcesine › **S. 57** ist dieses unglaubliche Unternehmen dokumentiert. Eine Tafel erinnert daran, dass auf dieser Brücke in späteren Tagen die Staatsgrenze zwischen Österreich und Italien verlief (heute Provinzgrenze Verona/Mantua).

Über 4000 Pasta-Fans nehmen jedes Jahr am dritten Dienstag im Juni an der langen Tafel auf der Visconti-Brücke Platz, um die »Liebesknoten«, die berühmten Tortellini von Valeggio, bei der **Festa del Nodo d'Amore** zu feiern – mit anschließendem Feuerwerk (Eintrittskarten ab Mai bei tourist@valleggio.com, Tel. 045 795 18 80; Infos unter www.ristorantivaleggio.it).

Erst-! klassig

Restaurants

Belvedere ●●●

Hotelrestaurant mit traditioneller Küche, Fleisch vom Grill und wunderbarer Aussicht.

- Loc. Santa Lucia ai Monti 12
- Tel. 045 630 10 19
- Mi und Do geschl.

Antica Locanda Mincio ●●–●●●

Spezialitäten sind Pasta, z. B. mit Kürbis gefüllte Tortellini, und Fischgerichte.

Erst-! klassig

SEITENBLICK

Ein englischer Garten im Veneto

Nur 1 km von Valeggio sul Mincio entfernt liegt der ****Parco Giardino Sigurtà**, eine der schönsten Gartenanlagen Europas. Ausgangspunkt für eine 1- bis 3-stündige Erkundung des 60 ha großen Garten-Parks ist die aus dem 17. Jh. stammende **Villa Maffei**. Hier wohnte Graf Carlo Sigurtà, der das Gelände 1941 erwarb und 1978 für das Publikum öffnete. Umgeben von üppiger Vegetation mit einer einmaligen Blumenpracht finden sich in der Anlage kleine Seen, Aussichtsterrassen, eine Eremitenkirche und die Ruinen einer Scaligerburg. Von den Parkplätzen aus lässt sich das Paradies über kilometerlange Spazierwege mit Muße zu Fuß erkunden oder auch mit einem Bähnchen; Fahrräder kann man ebenfalls mieten. Erfrischungskioske und Picknickzonen sind ausgewiesen.

Tel. 045 637 10 33 | www.sigurta.it

Anf. März–Anf. Nov. tgl. 9–19, Einlass bis 18 Uhr

Eintritt: 12 €, Kinder 5–14 Jahre 6 €, bis 4 Jahre gratis

- Loc. Borghetto
- Via Buonarroti 12
- Tel. 045 795 00 59
- www.anticalocandamincio.it
- Mi und Do geschl.

Aktivitäten

Im **Parco Aquatico Cavour** im Ortsteil Ariano von Valeggio kann man einen tollen Tag mit der Familie verbringen. Informationen im Special › **S. 22.**

*Custoza 13

Umgeben von Feldern, Wiesen und Weingärten erhebt sich das Dorf Custoza, wie alle einstigen Schauplätze der Schlachten der italienischen Befreiungskriege in dieser Region, auf einer kleinen Anhöhe: *Zona sacra,* »heilige Zone«, nennt man in Italien Gedenkstätten wie diese. Ein von einem weithin sichtbaren Obelisken überragtes **Mahnmal** erinnert an das Sterben Tausender Soldaten in den beiden Unabhängigkeitskriegen zwischen Italien und Österreich 1848/1866. In der Krypta der **Beinhaus-Kapelle (Ossaria)** ruhen die sterblichen Überreste von 4654 Gefallenen beider Nationen (April–Okt. tgl. 9.30 bis 12.30, 15–18 Uhr, Infos: Ufficio Cultura, Tel. 045 897 13 56).

Hotel

Agriturismo Corte Belvedere ●–●●
Die geräumigen Zimmer sind landestypisch eingerichtet, der große Garten lädt zum Relaxen ein.

- Via Ossario 23/A
- Tel. 045 51 61 39
- www.cortebelvedere.com

Ausflug in die **Weinhügel**

Custoza hat dem fruchtigen Weißwein der Gegend, Bianco di Custoza, seinen Namen gegeben. Das Anbaugebiet lässt sich am besten auf der **Strada del Vino di Bianco di Custoza** erkunden, die u. a. von Custoza über Staffalo nach **Sommacampagna,** dem sehenswerten Weinstädtchen, führt.

Aber auch auf dem Naturwanderweg **Cammina Custoza** kann man sich die Weinlandschaft um Custoza erschließen (detaillierte Wegbeschreibung unter www.visitcustoza.it).

Shopping

Cantina di Custoza
Genossenschaftskellerei auf dem Weg nach Sommacampagna mit großer Auswahl.

- Loc. Staffalo 1
- 37060 Custoza
- Tel. 045 51 62 00
- www.cantinadicustoza.it
- Im Sommer Mo–Sa 8.30 bis 12.30, 15–19 Uhr, im Winter Mo–Sa 8.30–12.30, 14.30–18.30 Uhr.

Le Vigne di San Pietro
Erlesene Weine von einem der renommiertesten Erzeuger der Gegend. Besuch und Verkauf nach Voranmeldung.

- Via San Pietro 23
- 37066 Sommacampagna
- Tel. 045 51 00 16
- www.levignedisanpietro.it

Weinanbau in der Franciacorta

Brescia und sein Hinterland

Das Beste!

- In Brescia dem Treiben auf der Piazza della Loggia zusehen › S. 117
- In der Franciacorta besten italienischen Schaumwein genießen › S. 119
- Sich am Lago d'Idro eine köstliche Schleie munden lassen › S. 121
- Von der Insel Monte Isola auf das jadegrüne Funkeln des Iseo-Sees hinabblicken › S. 122

Die Seenlandschaft um Brescia ist eine vom Fremdenverkehr noch unverdorbene Oase, genauso wie die lebendige Stadt selbst, die sich auch in der Hochsaison von ihrer schönsten Seite zeigt.

Während der Gardasee und Verona seit Langem gesuchte touristische Ziele sind, bieten Brescia und sein Hinterland Kultur- und Naturerlebnisse abseits der großen Touristenströme. Die Moränenlandschaft der **Franciacorta** hat sich inzwischen zu einer der bekanntesten Weingegenden Italiens gemausert: Der hier produzierte Schaumwein muss den Vergleich mit dem bekannteren Champagner nicht scheuen.

Die dichte Bebauung verliert sich, sobald die Berge der Brescianer Voralpen ansteigen, und macht unberührter Natur Platz. Hier liegen mit dem **Lago d'Idro** und dem **Lago d'Iseo** zwei Berggewässer, die in puncto Schönheit dem Gardasee in nichts nachstehen. Auch der nahe **Lago di Valvestino,** der kleinste der drei Seen, beeindruckt durch seine Lage mit spektakulären Panoramen auf den Gardasee.

Brescia, eine der schönsten Städte Oberitaliens, ist auch heute noch ein (kleiner) Geheimtipp: Mit ihrem historischen Ortskern und zahlreichen Sehenswürdigkeiten ist sie wahrlich eine Reise wert. Der Fremdenverkehr spielt in der etwa 200 000 Einwohner zählenden Handels- und Industriemetropole 30 km westlich des Gardasees kaum eine Rolle. Und so kann man hier auf den Piazze bei einem Espresso die schönsten Charakterstudien treiben.

Touren in der Region

Tour 11 Zwei Tage entlang der Brescianer Seen

Tour-Übersicht:

Verlauf: **Lago d'Iseo (Iseo) › Sarnico › Lovere › Pisogne › Monte Isola › Iseo › Lago d'Idro › Bagolino › Lago di Valvestino › Iseo**

Dauer: 2 Tage, 160 km

Praktische Hinweise:

- Diese Tour ist nur mit dem Auto machbar. Für die Fahrt hinauf zum Valvestino-See bedarf es wegen der engen Trassenführung erhöhtes fahrerisches Können.
- Personenfähren zur Monte Isola verkehren ganzjährig bis 1 Uhr nachts im Viertelstundentakt von Sulzano, jede halbe Stunde von Iseo (www.navigazionelagoiseo.it).

Monte Isola: Inselberg im Iseo-See

Tour-Start:

Das malerische ***Iseo** › S. 120 ist Ausgangspunkt für die Fahrt entlang der drei Seen. Am Morgen brechen Sie auf in das an der Südwestspitze des Iseo-Sees gelegene elegante **Sarnico** › S. 121 mit seinen Jugendstil-Villen. Genießen Sie bei einem Cappuccino die Atmosphäre am Hafen und fahren Sie dann am Westufer entlang hinauf in das Städtchen **Lovere** › S. 122, dessen schöne Uferpromenade zu einem Bummel mit kleinem Imbiss einlädt. Auf der Straße entlang der steil aufsteigenden Berge genießt man einen wunderbaren Blick auf den See mit dem »Inselberg« Monte Isola. Nach einem Besuch der Kirche Santa Maria delle Neve, am nördlichen Ortsrand von **Pisogne** › S. 122, geht es auf der gut ausgebauten Straße entlang des Ostufers zurück nach Iseo.

Sie lassen das Auto stehen und nehmen sich am Nachmittag Zeit für eine Fahrt mit dem Linienboot hinüber zur ****Monte Isola** › S. 122. Vom Bootsanleger in Sensole geht es nach rechts und dann hinauf zur Wallfahrtskirche Madonna della Ceriola, von wo aus man an schönen Tagen ein atemberaubendes Panorama mit dem zwischen Bergen eingebetteten See genießt. Danach wartet der Abstieg zur anderen Seite der Insel, wo das Dörfchen Peschiera Maraglio › S. 122 liegt, die größte Siedlung des »Inselbergs«. Mit dem Linienboot geht es anschließend zurück nach Iseo, wo Sie in einem der Restaurants am See den Tag ausklingen lassen.

Am nächsten Morgen führt die Autofahrt Richtung Osten ins Val Trompia. Durch das romantische Tal geht es über Brozzo, wo man auf die SS 237 abbiegt, und weiter am

Fluss Nozza entlang, vorbei an den dunkelvioletten Felsen bei Nozza und Vestone zum **Lago d'Idro › S. 122,** den man nach ca. 90-minütiger Fahrt erreicht. Der See ist das höchstgelegene Gewässer in Oberitalien. An seinem nördlichen Ende führt eine gewundene Straße hinauf in das vom Tourismus kaum berührte Örtchen ****Bagolino › S. 123.** Hier ist auch Gelegenheit für eine Mittagspause. Bei der Rückfahrt genießt man wunderbare Blicke auf den Idro-See. An dessen Westufer fährt man dann bis zur Südspitze des Sees, um dort die Straße nach **Idro › S. 122** zu nehmen.

Von dort führt die Fahrt weiter in östliche Richtung, vorbei an der Ortschaft Vico hinauf zum **Lago di Valvestino › S. 124.** Kein Wunder, dass die von gischtsprühenden Wasserfällen und tiefen Schluchten flankierte Strecke vor allem zum Dorado für Zweiradfahrer wurde. Über zwei hochgespannte Brücken, die über die fjordartigen Seitenarme des Sees führen, gelangt man zur Staumauer. Die Besichtigung des Valvestino-Staudamms mit dem grün schimmernden, fjordartigen See vor einem beeindruckenden Taleinschnitt sollte man sich keinesfalls entgehen lassen. Von hier genießt man einen traumhaften Blick hinunter zum Gardasee.

Auf der gleichen Strecke geht es dann zurück über Idro und das Val Trompia zum Lago d'Iseo. Als kulinarischen Schlusspunkt der Tour sollte man sich am Abend in Iseo die lokale Spezialität gönnen, gefüllte Schleie *(tinca ripiena)*.

Touren in Brescia und im Hinterland

Tour 11

Zwei Tage entlang der Brescianer Seen

Lago d'Iseo (Iseo) › Sarnico › Lovere › Pisogne › Iseo › Monte Isola › Lago d'Idro › Bagolino › Lago di Valvestino › Iseo

Tour 12

Brescia und sein Haus-See

Brescia › Lago d'Iseo (Iseo) › Monte Isola › Iseo › Lovere › Riva di Solto › Sarnico › Brescia

› Karte S. 110

Tour 12 Brescia und sein Haus-See

Tour-Übersicht:

Verlauf: **Brescia › Lago d'Iseo › Iseo › Monte Isola › Iseo › Lovere › Riva di Solto › Sarnico › Brescia**

Dauer: 2 Tage, 120 km

Praktische Hinweise:

- Für die Fahrt von Brescia zum Iseo-See und am Ufer entlang gibt es zum Auto keine Alternative.
- Die Monte Isola erreicht man mit der Personenfähre › S. 108.

Tour-Start:

Der erste Tag ist den zahlreichen Sehenswürdigkeiten des liebenswerten ****Brescia › S. 113** vorbehalten. Zu den Höhpunkten zählen Burg und Burgberg, **Alter und Neuer Dom, die **Piazza della Loggia und der *Museumskomplex Santa Giulia in den Räumen eines ehemaligen Frauenklosters. Am nächsten Morgen geht die Fahrt zum **Lago d'Iseo › S. 120**, dem Haus-See der Brescianer. Durch die Hügellandschaft der Franciacorta fährt man entlang der SS 510 zuerst nach Iseo, von wo aus man mit dem Boot zur ****Monte Isola › S. 122** übersetzt. Von der Spitze des Inselbergs mit der Wallfahrtskirche Madonna della Ceriola (Aufstieg bequem in 40 Min.) genießt man einen traumhaften Blick auf den See und das Westufer.

Auf dem Burgberg in Brescia

In **Peschiera Maraglio › S. 122** sollte man vor der Rückfahrt nach Iseo auf eine Erfrischung einkehren. Nach einem Bummel durch das romantische ***Iseo › S. 120** fährt man am frühen Nachmittag dann das dicht bebaute Ostufer Richtung Norden hinauf. In etwa 30 Min. erreicht man **Lovere › S. 122**, dessen schöne Piazza und breite Seepromenade zum Verweilen einladen.

Die weitere Fahrt entlang des Westufers Richtung Süden ist ein Erlebnis an sich. Erst seit 1910 gibt es diesen Teil der Uferstraße: Flankiert von den Felsen auf der einen und dem See auf der anderen Seite bieten sich auf der Strecke immer wieder traumhafte Ausblicke. Unbedingt haltmachen sollte man auf dem Weg nach Sarnico in **Riva di Solto › S. 121**, das vor dem Bau der Straße nur auf dem Wasserweg erreichbar war.

Auf der Weiterfahrt nach **Sarnico › S. 121** passiert man bei Tavernola eine Ponton-Brücke. In dem schönen Städtchen werfen Sie noch einen Blick auf die Villen im »Stile Liberty«, bevor es zurück nach Brescia geht.

Unterwegs in **Brescia 1

Die politische Geschichte der Stadt verlief ähnlich wie die Veronas, allerdings kam der Keltensiedlung *Brich* (Anhöhe), die unter den Römern *Brixia* hieß, am Fuße der Ronchi-Hügel eine weit geringere strategische Bedeutung zu. Nach den Römern, Galliern und Langobarden wechselten sich im Laufe des Mittelalters machthungrige Herrscherfamilien ab: So ergriffen Ezzelino III. da Romano und Oberto Pallavicino die Macht, die Scaliger und danach die Visconti aus Mailand. Ruhe kehrte erst 1426 ein, als auch Brescia an Venedig fiel, das bis 1797 seine schützende Hand über die erst in dieser Zeit wirtschaftlich und kulturell erblühende Stadt hielt.

Nach dem napoleonischen Gastspiel wurde Brescia beim Wiener Kongress 1814/15 Österreich zugeschlagen, die Revolte der »Dieci Giornate« (1849) war erfolglos, bis zur Einigung Italiens blieb Brescia bei Österreich.

Burgberg

Die den Cidneo-Hügel umgürtenden Bastionen schließen die römische Festung aus dem 1. Jh. n. Chr. ein; in den folgenden Jahrhunderten entstanden weitere Wehranlagen wie etwa der mächtige Rundturm **Torre Mirabella** (13. Jh.) und der Zentralbau der Visconti-Festung, das **Castello** Ⓐ. Beim Aufstieg hinauf zur Burg über die Via del Castello lässt man die verschiedenen Epochen der Stadtentwicklung Brescias von den Römern bis zur Renaissance Revue passieren. Die ab dem 12. Jh. angelegte Burg mit Türmen, Wehrmauern und Lagerhäusern (meist 15./16. Jh.) liegt in einem schönen, gepflegten Park. Sie beherbergt außer dem Specola Cidnea-Observatorium und dem Museo delle Armi (Waffenmuseum) das sehenswerte **Museo del Risorgimento,** in dem Italiens Freiheitskampf im 19. Jh. dokumentiert wird (Via Castello 9, www.bresciamusei.com; Okt.–März Fr–So 14–17.30, April–Sept. Di–So 15.30–19 Uhr).

Zurück in die Stadt kann man den Stufenweg des Südhangs, die **Via delle Barricate,** nehmen, von wo man zur **Piazza Tito Speri** gelangt; ostwärts wiederum führt eine Straße bis zur Terrasse der Kirche ***San Pietro in Oliveto** Ⓑ. Das Gotteshaus aus dem 12. Jh., im Jahr 1510 im Stil der Renaissance umgestaltet, liegt reizvoll über den Dächern der Stadt. Sehenswert sind auch die beiden Kreuzgänge aus dem 16. Jh. (falls die Kirche geschlossen ist, einfach läuten). Die Via Piamarta führt direkt zum Monastero di Santa Giulia.

*Monastero di Santa Giulia Ⓒ

Das ehemalige Kloster beherbergt heute das nach modernsten museumspädagogischen Gesichtspunk-

› Karte S. 114

ten gestaltete **Museo della Città**. Mitte des 8. Jhs. hatten die Langobarden hier über den Resten einer römischen Prachtvilla (heute wieder freigelegt) einen Konvent für die Benediktinerinnen gegründet.

Drei Kirchen und zwei Kreuzgänge bilden den Kern der weitläufigen Klosteranlage. Eine ältere Kirche wurde Anfang des 9. Jhs. durch die Säulenbasilika ***San Salvatore** mit wunderschönen Freskenresten aus karolingischer Zeit ersetzt, Architekturreste des Vorgängerbaus sind noch sichtbar in der Krypta. Die Renaissance-Kirche **Santa Giu-**

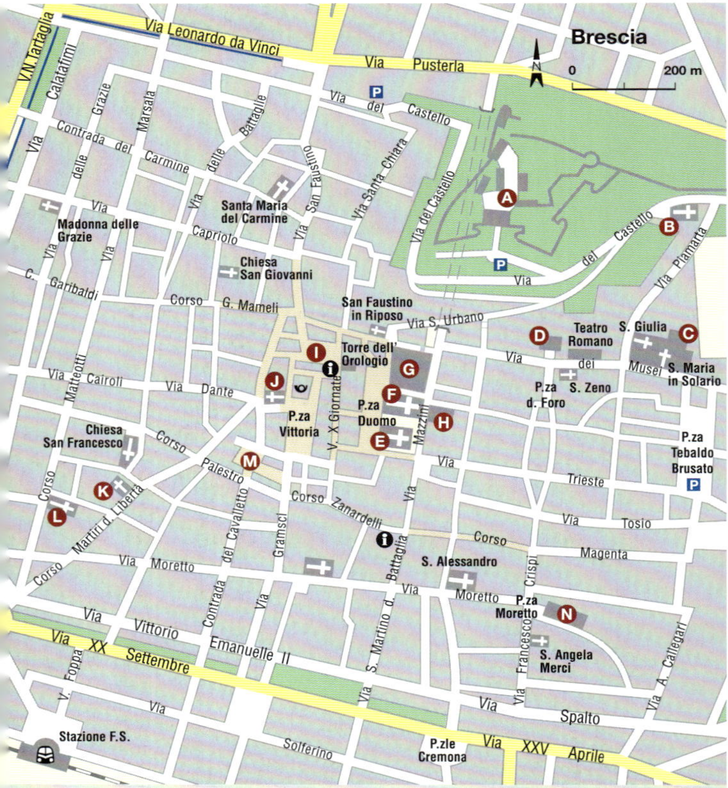

A Castello
B San Pietro in Oliveto
C Monastero di Santa Giulia
D Tempio Capitolino
E Duomo Vecchio
F Duomo Nuovo
G Palazzo del Broletto
H Biblioteca Queriniana
I Piazza della Loggia
J Chiesa Sant'Agata
K Santa Maria dei Miracoli
L SS. Nazaro e Celso
M Piazza Mercato
N Pinacoteca Tosio-Martinengo

Santa Maria in Solario im Kloster Santa Giulia

lia und das romanische Gotteshaus ***Santa Maria in Solario** mit Freskenschmuck von Brescianer Malern des 16. Jhs. vervollständigen die Pracht (Di–So 10–18 Uhr).

Das **Stadtmuseum Santa Giulia** beherbergt eine besonders reiche Sammlung römischer Fundstücke, die zum Großteil vom Tempio Capitolino stammen, darunter römische Mosaiken und die fast 2 m große, einst vergoldete Bronzestatue der geflügelten Siegesgöttin Victoria (1. Jh. n. Chr.). Weitere kostbare Exponate der Städtischen Kunstsammlungen sind die Lipsanothek, ein mit christlichen Szenen verziertes Elfenbeinkästlein aus dem 4. Jh., sowie das mit Edelsteinen, Gemmen und Ornamenten dekorierte Desideriuskreuz aus dem 8. Jh. (Via Musei 55, Tel. 030 297 78 33-34, www.bresciamusei.com; 16. Juni bis Sept. Di–So 10.30–19 Uhr, Okt. bis 15. Juni 9.30–17.30 Uhr).

Antikes Forum

In der heutigen Via dei Musei befand sich einst das Zentrum des römischen Brixia. Der ehemals reich ausgestattete ***Tempio Capitolino** D, 73 n. Chr. von Kaiser Vespasian errichtet und erst im Mittelalter zerstört, wurde im letzten Jahrhundert wieder ausgegraben und rekonstruiert. Der Tempel bildete die Schmalseite des einstigen **Forums**, des römischen Marktplatzes. An der heutigen, südlich des Tempio gelegenen **Piazza del Foro**, kleiner als ihr antikes Pendant, legte man in einer Ecke Teile der begrenzenden Wandelhallen des antiken Platzes frei.

In der Fassade der an der Piazza gelegenen **Kirche San Zeno** wurde eine römische Säule mit mächtigem Architrav verbaut, die man hier fand.

Imposant sind die neben dem Tempel entdeckten Ruinen des **Teatro Romano** mit einer großen Tribüne, auf der bis ins Mittelalter Volksversammlungen abgehalten wurden, die Reste eines Bühnenraumes und eine original erhaltene Treppe zu den höheren Sitzreihen.

Shopping

Eine Reihe hübscher Geschäfte gibt es in der Gegend um die **Porta Bruciata** (Verbranntes Tor), deren Name an den verheerenden Brand im Jahre 1184 erinnert. Im Durchgang unter dem Tor befindet sich auch der Zugang zur kleinen romanischen Kirche San Faustino in Riposo.

Rund um den Domplatz

Auf der weitläufig angelegten Piazza del Duomo (bzw. Piazza Paolo VI.) ragt der ****Duomo Vecchio** E (»Alter Dom«, auch *Rotonda* – Rotunde) aus dem 12. Jh. auf. Der dominierende Zentralkuppelbau wurde an der Stelle der Basilica di Santa Maria Maggiore aus dem 6. Jh. errichtet, von der Fußbodenreste erhalten sind. Unter dem Chor überrascht die schöne romanische Krypta. Die klare Geometrie des Gotteshauses wird nur durch das höher aufragende Presbyterium unterbrochen. Zu den kostbarsten Schätzen im Inneren zählen der Sarkophag des Bischofs Bernardo

Starker Kontrast an der Piazza del Duomo: Alter und Neuer Dom

Maggi von 1308 sowie Gemälde von den Hauptmeistern der Brescianer Malerschule, Moretto da Brescia und Girolamo Romanino (Nov. bis März Di–So 10–12, 15–18, April bis Okt. 9–12, 15–19 Uhr).

Bis zum 16. Jh. stand neben dem Alten Dom die frühchristliche Kathedrale San Pietro de Dom, doch dann hatte man mit der Errichtung des **Duomo Nuovo** F ehrgeizigere Pläne. Den Spätrenaissancebau aus weißem Marmor krönt die mit 82 m dritthöchste Kuppel Italiens (nach St. Peter in Rom und dem Dom von Florenz). Wie die kirchliche, so setzte auch die weltliche Macht am zentralen Platz der Stadt herausragende Architekturakzente, was der heutige Sitz der Provinzialverwaltung bekundet, der ***Palazzo del Broletto** G. Das Stadthaus, errichtet im 12./13. Jh., wurde als Sitz der Gemeinde Sinnbild urbanen Selbstbewusstseins. Noch heute ertönt zur Einberufung des Stadtrats, der allerdings andernorts tagt, hoch oben auf der Torre del Pegol (11. Jh.) die große Glocke. In früherer Zeit läutete sie, bevor der Herrscher von der Loggia delle Gride, ältester Teil des Broletto, Verordnungen erließ.

Die Stadtbibliothek ***Biblioteca Queriniana** H hat ihren Sitz hinter der Apsis des Duomo Nuovo (Via Mazzini 1). Sie beherbergt als Hinterlassenschaft ihres Namensgebers, Kardinal Angelo Maria Querini, über 300 000 kostbare Inkunabeln und Handschriften, u.a. von Dante und Petrarca, sowie wertvolle Evangeliare (Di–Fr 8.45–12, 14–18, Sa 8.30–12.30 Uhr, Tel. 030 297 82 10).

**Piazza della Loggia

Im 15. Jh. erhoben die Bürger von Brescia die Forderung nach einem neuen Gemeindesitz, und ein großes Stadthaus entstand, heute **Loggia** (manchmal auch Palazzo del Comune) genannt. Sie gab einem der schönsten Plätze der Lombardei den Namen: ****Piazza della Loggia** I.

Venezianischer kann die Atmosphäre außerhalb der Lagunenstadt kaum sein – vor allem in der Frühe, wenn die Morgensonne über die Fassaden der Häuser streicht und die steinernen Gesimse, Büsten und Verzierungen der Loggia zum Leuchten bringt. Die dekorativen Fensterumrahmungen im Stil der Hochrenaissance entwarf der Baumeister Andrea Palladio, die Putti des Frieses stammen von Jacopo Sansovino.

Venedig ist auch mit dem alten Pfandhaus **Monte di Pietà** aus dem 15./16. Jh. an der Südseite der Piazza präsent. Einen Blick verdient an der Schmalseite des Platzes der berühmte Uhrturm **Torre dell'Orologio** (16. Jh.).

Die **Chiesa Sant'Agata** J aus dem 15. Jh. gab der Gasse hinter der Loggia, bis heute eine der vornehmsten Adressen Brescias, ihren Namen. Ganz nah liegt die **Piazza della Vittoria:** Hier zeigt sich die Architektur des Faschismus von ihrer düsteren Seite. Wirklich versöhnlich dagegen wirken die schönen Geschäfte unter den Arkaden des südlich der Piazza verlaufenden **Corso Zanardelli**.

Santa Maria dei Miracoli K

Am Corso Martiri della Libertà liegt ein Schmuckstück der oberitalienischen Renaissance: Die Fassade des an der Wende vom 15. zum 16. Jh. errichteten Gotteshauses zieht mit ihrem überbordenden skulpturalen Schmuck die Blicke auf sich (Mo–Sa 8–12, 15–16.30 Uhr).

Santi Nazaro e Celso L

Gleich um die Ecke befindet sich der klassizistische Bau der Kirche Santi Nazaro e Celso, die im Innern ein Meisterwerk des jungen Tizian beherbert, den ***Averoldi-Altar** von 1522, an dem die unirdische Farbigkeit der Gestalt des auferstehenden Christus auf der Mitteltafel beeindruckt.

Piazza Mercato M

Nicht weit von der prächtigen Piazza della Loggia entfernt beginnt auf der Piazza Mercato, wo täglich der pittoreske Obst- und Gemüsemarkt abgehalten wird, das echte Brescia. Ein Gewirr von engen Gassen führt zu den kleinen Läden und Handwerksbetrieben des Volksviertels.

*Pinacoteca Tosio-Martinengo N

Auf der Piazza Moretto, etwas außerhalb des Zentrums, wird hinter imposanten Libanon-Zedern die Silhouette der städtischen Gemäldegalerie sichtbar. In den 22 Sälen des Palazzo sieht man unter anderem Werke von Raffael, Paolo Veneziano und Luca Giordano sowie ausgezeichnete Arbeiten der Bresciaer Malerschule des 15./16. Jhs. (Juni–Sept. Di–So 10.30–18 Uhr, Okt.–Mai 9.30–17 Uhr, www.bres cia musei.com, Tel. 030 377 49 99).

Info

Brescia Tourism

- Piazza del Vescovato 3
- Tel. 030 240 08 35
- www.bresciatourism.it
- mit Infopoint-Center im Bahnhof und Viale Trieste 1
- Tgl. 9–13, 13.30–17 Uhr

Für den Besuch der Museen ist die Karte »Brescia Musei Desideri« (4 Preiskategorien) erhältlich, auch mit Vergünstigung für andere Events.

- Infos: www.bresciamusei.com

Stadtverkehr

- **Buslinien:** Ein städtisches Busnetz verbindet alle Stadtviertel und Vororte. Die Abfahrtsstelle für die Linienbusse in die Umgebung liegt in der Nähe des Bahnhofsplatzes.
- **Parkplätze:** Eine preisgünstige Parkgelegenheit ist der »Autosilouno« auf der Via Vittorio Emanuele II. (Hinweisschilder; geöffnet Mo–Sa 7–24 Uhr).
  Ganz zentral liegt die Parkgarage unterhalb der Piazza Vittoria (tgl. 6 bis 1.30 Uhr).
  Auch neben dem Bahnhof gibt es einen größeren Parkplatz.

Hotels

Vittoria ●●●
Nobles Stadthotel mit Flair in ruhiger Altstadtlage.
- Via X Giornate 20
- Tel. 030 28 00 61
- www.hotelvittoria.com

Jolly Hotel Igea ●●
Modern ausgestattetes Hotel, etwa 600 m vom historischen Zentrum.
- Viale Stazione 15
- Tel. 030 442 21
- www.nh-hotels.it

Restaurants

La Sosta ●●●
Fürstlich speisen im Ambiente eines Stadtpalais.
- Via San Martino della Battaglia 20
- Tel. 030 29 56 03
- www.lasosta.it
- So abends und Mo geschl.

Piazzetta ●●●
Etwa 5 km südöstlich vom Zentrum gelegenes Spitzenlokal mit nur zwölf Tischen. Exzellente lokale Küche.
- Via Indipendenza 87/c
- Rione San Eufemia
- Tel. 030 36 26 68
- www.allapiazzetta.com
- Sa mittags, So und Mitte Aug. geschl.

Seconda Classe ●●
In einem alten Industrieloft genießt man Fleischgerichte, vor allem Steaks, bei Livemusik (Do–So).
- Via Zima 9/a
- Tel. 030 375 38 21
- www.secondaclasse.it
- Tgl. außer Mo ab 20 Uhr

Osteria Al Bianchi ●–●●
Traditionslokal mit freundlicher Atmosphäre und authentischer lokaler Küche
- Via Gasparo da Salò 32
- Tel. 030 29 23 28
- www.osteriaalbianchi.it
- Di und Sa mittags, Mi ganztägig geschl.

Shopping

Jeden 2. So im Monat (außer Juli und Aug.) **Antiquitätenmarkt** auf der **Piazza della Loggia.**

Unterwegs im Hinterland

Franciacorta 2

Die Dreieck zwischen Brescia, dem Fluss Oglio und dem Lago d'Iseo, die Franciacorta, gehört zu den besten Weinanbaugegenden Italiens. Erst in den 1960er-Jahren begann man hier einen Spumante (Sekt) nach der traditionellen Champagner-Methode zu keltern. Wer die Gegend und ihre Erzeugnisse kennenlernen möchte, sollte die reizvolle Ortschaft Erbusco aufsuchen, das Zentrum des Weinanbaus. Der direkte Weg führt von Brescia über die Autobahn Richtung Mailand. Viel schöner ist allerdings die etwa 40-minütige Strecke von Brescia aus Richtung Westen auf der Landstraße durch die Weinberge.

Sarnico am Westufer des Lago d'Iseo

Auf der Fahrt sollte man einen Besuch im Naturpark **Riserva Naturale Torbiere d'Iseo** **3** einplanen (www.torbiere.it). Die Sumpfgegend südlich des Iseo-Sees mit ihrer einmaligen Fauna und Flora erreicht man am besten vom Ort Provaglio d'Iseo aus (von dort den Schildern folgen).

Von dort fährt man dann weiter über Adro nach **Erbusco** **4**. Entlang des Weges kann man auf einem der zahlreichen Weingüter die edlen Tropfen verkosten. Wem das Abfahren der einzelnen Winzer zu mühselig ist – auch das absolute Alkoholverbot am Steuer ist zu beachten –, der findet die in der Franciacorta erzeugten Weine auch bei »Le Cantine di Franciacorta« in Erbusco (Via Iseo 98, Tel. 030 775 11 16, www.cantinedifranciacorta.it; Mo und Mi–Sa 9–12.30, 14.30–19, Di, So 9–12.30, 15–18 Uhr).

Hotel/Restaurant

Villa Albereta ●●●

Feinschmecker sollten einen Besuch im Restaurant von Gualtiero Marchesi in Erbusco nicht versäumen, der Altmeister verwöhnt seine Gäste mit kulinarischen Hochgenüssen und Weinen des hauseigenen Guts Bellavista.
Man kann hier auch stilvoll wohnen (5 Sterne).

- Via V. Emanuele II. 23
- Tel. 030 776 05 50
- www.albereta.it
- So abends und Mo geschl.

Erst klas

Lago d'Iseo

*Iseo 5

Zauberhaft, kein anderes Wort passt besser, um die Einfahrt auf der am **Castello Oldofredi** (15. Jh.) vorbeiführenden Hauptstraße in Iseo zu beschreiben. Gehsteiglose Gässchen münden in die von Laubengängen gesäumte **Piazza Garibaldi**, wie der mittelalterliche Marktplatz mit dem Kirchlein **Santa Maria del Mercato** (14. Jh.) heute heißt.

Die ebenso stimmungsvolle **Piazza del Sagrato** schmückt sich mit der im 5. Jh. gegründeten und im 12. Jh. neu erbauten Kirche **Sant'Andrea**. Vor ihrer Fassade erhebt sich rechts das gotische Stilelemente aufweisende Grabmal von Giacomo Oldofredi.

Info

APT

- Lungolago Marconi 2 c–d
- Tel. 030 98 02 09
- www.iseolake.info

Hotel

Hotel Iseolago ●●–●●●

Geschmackvoll eingerichtetes Hotel, das allen Komfort bietet; Pool und parkähnlicher Garten. Auch Ferienwohnungen stehen zur Verfügung. Mit Restaurant und Weinshop.

- Via Colombera
- Tel. 030 988 91
- www.iseolagohotel.it
- Ganzjährig geöffnet.

Restaurants

Il Volto ●●

Kleine Osteria mit Tradition.

- Via Manica 2
- Tel. 030 98 14 62
- Mi ganztags und Do mittags geschl.

Ai Platani ●●

Lokale Küche und Pizza genießt man auf der schönen Terrasse am See.

- Via Lungolago Marconi 1
- Tel. 030 982 15 50

Der kleine Ort **Clusane** (bei Iseo) ist bekannt für seine ausgezeichneten Fischlokale, etwa Al **Porto, Punta da Dino** oder die **Antica Trattoria del Gallo**. Die im Ofen zubereitete Schleie (tinca ripiena al forno) sollten Sie probieren!

Erst-! klassig

Westufer

Sehenswert im hübschen, an einem lagunenartigen Hafen liegenden **Sarnico** **6**, an der Südspitze des Westufers, sind die Jugendstil-Villen des Mailänder Architekten Giuseppe Sommaruga. Interessantere Beispiele der in Italien »Stile Liberty« genannten Epoche wird man weit und breit nicht finden. Weiter in nördlicher Richtung drängen sich linker Hand hoch aufragend die Berge zum See, während sich rechts blühende Wiesen hinter einem Schilfgürtel ausdehnen. Olivenhaine, Weingärten und Zypressenalleen flankieren die zum Teil aus dem Fels geschlagene Straße, die immer wieder durch beleuchtete Tunnels führt.

In **Tavernola** **7** ist für schwere Fahrzeuge Endstation, eine Ponton-Brücke ersetzt hier das Asphaltband.

Anschließend wird es wildromantisch: Bis in den Ort **Riva di Solto** **8** blieb das abrupt zum See abfallende Ufer gänzlich unverbaut. Jahrhundertelang war die Ortschaft, aus der der schwarze Marmor der Basilika San Marco in Venedig stammt, nur auf dem Wasserweg erreichbar. Erst 1910 entschloss man sich zum Bau der Straße, die sich immer kühner um steile Fels-

› Karte S. 110

abfälle und zerklüftete Buchten schlängelt.

Der Hauptort des Lago d'Iseo, **Lovere 9**, birgt eine erstaunlich gute Gemälde- und Porzellansammlung im Museo Tadini (Ostern–Okt. 15–18 Uhr, So, Fei auch 10–12 Uhr) und wartet überdies mit einer Atmosphäre beschaulicher Heiterkeit auf.

Ostufer

Das Ostufer hält an Romantik leider nicht, was die ersten Kilometer Richtung Süden versprechen. Nur bis Pisogne windet sich noch die alte Straße vorbei an gepflegten Villen entlang des Sees, danach weicht sie einer Schnellverbindung. In **Pisogne 10** lohnt ein Besuch der aus dem 15. Jh. stammenden Augustinerkirche ***Madonna della Neve** am Ortsrand, auf der Straße in den Vorort Fraine. Der Freskenschmuck des Renaissancekünstlers Romanino im Inneren trug dem Gotteshaus den Beinamen »Sixtinische Kapelle der Armen« ein (Schlüssel in der Bar neben der Kirche).

**Monte Isola 11

Der »Inselberg«, 600 m hoch, von dichten Kastanienwäldern und uralten Olivenhainen bewachsen, soll ein Refugium der Stille bleiben. Deswegen dürfen nur Einheimische mit einem Fahrzeug übersetzen, für alle anderen Besucher, sofern sie sich nicht auf Schusters Rappen verlassen möchten (Umrundung ca. 3 Std.), verkehrt ein Bus-Shuttle zwischen den winzigen Siedlungen. Einen Fahrradverleih gibt es in **Peschiera Maraglio.** Der etwa 40-minütige Aufstieg von Peschiera Maraglio zur Wallfahrtskirche **Madonna della Ceriola** in 600 m Höhe (16. Jh., Kapelle 11. Jh.) wird mit einem grandiosen Ausblick belohnt: Wie kostbare Jade funkelt in der Tiefe der See, perlengleich schimmern die vorgelagerten Inselchen San Paolo und Loreto. Nicht selten diente Monte Isola als Zufluchtsstätte, wovon noch heute die Überreste mittelalterlicher Befestigungsanlagen im Örtchen Siviano zeugen.

Restaurant

Trattoria La Spiaggetta ●●
Vorzügliches kleines Fischlokal.
- Via Sensole 26
- 25050 Monte Isola
- Tel. 030 988 61 41
- Di geschl.

Lago d'Idro

Mit einer Höhe von 368 m über dem Meeresspiegel ist der etwa 10 km lange, bis zu 2 km breite und 122 m tiefe See das höchstliegende oberitalienische Gewässer, was sich aber bemerkenswerterweise nicht auf die Wassertemperatur auswirkt: Der Bergsee hat im Sommer eine angenehme Badetemperatur von rund 25 °C.

Durchreisende können das an der schmalen Südspitze angesiedelte **Idro 12** getrost rechts liegen lassen, wer hingegen seine Zelte am »Lacus Eridius« der alten Römer aufschlagen möchte, sollte die teilweise sehr einladenden Campingplätze, die rund um den winzigen

Hauptort zu finden sind, einmal ausprobieren.

Camping

Campeggio Venus

Gepflegte Anlage direkt am Wasser.

- Via Trento 94
- 25074 Idro
- Tel. 0365 831 90
- www.campingvenus.it

Das Westufer

Die Burgruine des Fischerdorfs **Anfo** 13 am Westufer des Idro-Sees, einst eine gewaltige Festung der Venezianer gegen das widerspenstige Geschlecht der Lodrone, diente 1866 Garibaldi als Hauptquartier. Im Ersten Weltkrieg kam der Anlage ein letztes Mal Bedeutung zu.

Auf der z. T. hoch über dem Ufer angelegten Panoramastraße liegt 4,4 km hinter Anfo Richtung Norden am linken Straßenrand das **Oratorio Sant'Antonio**. Die von außen unscheinbare Kapelle birgt im Inneren Freskenschmuck aus dem 15./16. Jh., ist leider aber häufig geschlossen. In **Ponte Caffaro,** nur 2 km vor der Nordspitze des Sees, trafen im Mittelalter das Territorium Mailands und dann das Venedigs mit dem der Grafen Lodrone aufeinander; hier verlief bis 1918 auch die Grenze zwischen Italien und dem damals noch österreichischen Trentino.

**Bagolino 14

Eisenerz bescherte dem einsamen Caffaro-Tal *(Val di Caffaro),* das eine kühne Höhenstraße für heutige Verkehrsmittel erschlossen hat,

Campingfreunde werden sich am Bergsee Lago d'Idro wohlfühlen

schon vor Jahrhunderten beachtlichen Reichtum. Sehenswert sind in Bagolino die hoch über der Dächerlandschaft des Ortes thronende **Chiesa San Giorgio** (frühes 17. Jh.), deren Hauptportal sieben Arkaden schmücken, und im unteren Ortsteil die **Chiesa San Rocco** (15. Jh.).

Der einstige Wohlstand Bagolinos zeigt sich auch an den hübschen Bürgerhäusern im Stil des ausklingenden Mittelalters. In der ursprünglichen Ortschaft wird heute nicht nur das traditionelle Maskentreiben im Karneval liebevoll gepflegt, auch in den Kochtöpfen huldigt man der guten alten Zeit.

Hotel

Tre Valli ●–●●

Einfaches Haus direkt im Ortszentrum, Restaurant mit Lokalküche, empfehlenswert sind die *malfacc* (Spinattäschchen).

- Via San Rocco 56
- Tel. 0365 991 09
- www.hotel-trevalli.it

› Karte S. 110

Restaurant

Al Cavallino ●–●●
Deftige Spezialitäten aus der Region.
- Via San Giorgio 164
- Tel. 036 59 91 03
- Sept.–Juni Di geschl.

Ausflug ins Val d'Ampola und zum Tremalzo-Pass

Über das nördlich des Idro-Sees gelegene **Lodrone** passiert man auf dem Weg Richtung Storo das Dörfchen **Darzo.** Hier thront ein golden glänzender Engel mit Posaune auf der Kirchturmspitze, als wollte er dem Reisenden verkünden, dass eine himmlische Landschaft nach der Abzweigung zum Ledro-See (in Storo) auf ihn wartet: das **Val d'Ampola** 15. Den Straßenbauern blieb gar nichts anderes übrig, als dem Verlauf des Wildbaches Palvico zu folgen, um eine befahrbare Schneise durch den Fels zu schlagen. Hohe Steinschlag-Zäune sichern die emporragenden und bisweilen überhängenden Wände, an denen immer wieder Wasserfälle zu Tal stürzen. Höher und höher zieht sich die enge, kurvenreiche Strecke bis zum Sattel in 747 m Höhe.

Vom Val d'Ampola zweigt eine gut ausgebaute Straße zum **Tremalzo-Pass** mit dem auf 1686 m Höhe liegenden Schutzhaus Garda ab (13 km). Im Frühsommer bezaubert der Kontrast zwischen dem noch hellgrünen Laub und dem Dunkelgrün der Nadelbäume, im Hochsommer erfrischt die kühle, würzige Bergluft.

Keinesfalls sollte man, gestärkt vom Essen im Schutzhaus Garda, der Versuchung erliegen, mit dem Auto von dort zum Gardasee zu fahren. Die in manchen Karten als ausgebaute Strecke eingezeichnete Verbindung zum See ist nur mit Allradfahrzeugen, Motorrädern, Mountainbikes oder zu Fuß zu bewältigen!

Lago di Valvestino 16

Bereits die Anfahrt von Idro › **S. 122** aus durch das kurvenreiche Capovalle und Val de Molin eröffnet reizvolle Rückblicke auf den Idrosee. Der Stausee am Oberlauf des Toscolano besticht durch seine unberührte Natur und sein fjordartiges Aussehen. Die Fahrt am Nordufer entlang ist ein spektakuläres Erlebnis, nicht zuletzt wegen der schwindelerregenden Brücken, die über die Seitenarme des Sees führen. In **Ponte Pola** erreicht man die Staumauer. Mit einer Höhe von 124 m und einer Länge von 283 m liegt der Naturpark des **Alto Garda Bresciano** malerisch zu ihren Füßen. Hier kann man herrliche Wanderungen unternehmen (www.parks.it/parco.alto.garda.bresciano).

Erst-klas

Um vom Lago di Valvestino zum Gardasee zu gelangen, fährt man auf der Uferstraße weiter Richtung Süden. Man folgt dem Flusstal des Toscolano, um dann bei Navazzo über zahlreiche Serpentinen hinunter nach Gargnano › **S. 77** zu gelangen. Die reizvolle Strecke verlangt aber sicheres fahrerisches Können.

Die Piazza delle Erbe in Verona

**Verona

Das Beste!

- Bei einem Espresso dem Treiben auf der Piazza delle Erbe zusehen › S. 127
- Eine Opernaufführung in der Arena besuchen › S. 128
- Am Abend das Panorama der Stadt von der Torre Lamberti genießen › S. 130
- Vor der Casa di Giulietta unter dem wohl berühmtesten Balkon der Welt stehen › S. 130
- An den Schaufenstern der Nobelboutiquen am Corso Porta Borsari vorbeiflanieren › S. 134

› Karte S. 132

Nicht nur zur Festspielzeit, wenn sich die liebenswerte und elegante Stadt an der Etsch im Glanz Abertausender Besucher sonnt, verführt der Schauplatz der bittersüßen Tragödie von Romeo und Julia zu einem mehr als romantischen Urlaub.

Liebenswert, kein anderes Attribut passt besser zu jenem Ort, an dem sich das Schicksal des wohl berühmtesten Liebespaares der Weltliteratur erfüllte. Alljährlich pilgern Tausende Besucher nach Verona, um die historischen Schauplätze der tragischen Liebesgeschichte aufzusuchen. Die Heimat von Romeo und Julia zeigt sich heiter und elegant, gemütlich und intim. Mit vornehmer Gelassenheit erträgt die rund 265 000 Einwohner zählende Stadt den alljährlichen Ansturm Hunderttausender Touristen und Festspielbesucher. Nicht nur die Römer hinterließen ihr Erbe in der einstigen Keltensiedlung, sondern auch viele andere Hauptdarsteller auf der Bühne des politischen Welttheaters. Doch Verona lockt ebenso mit schönen Geschäften zum Shoppen und mit eleganten Cafés und Bars zum Verweilen.

Unterwegs in Verona

Tour 13 Spaziergang im Zentrum

Tour-Übersicht:

Verlauf: ****Arena di Verona › **Piazza delle Erbe › *Piazza dei Signori › *Basilica Sant'Anastasia › *Casa di Giulietta › *San Fermo Maggiore**

Dauer: ca. 1 Std. reine Gehzeit.

Praktische Hinweise:

- Dank der »Vereinigung Lebendige Kirchen« *(chiese vive)* sind die Kirchen San Zeno, San Lorenzo, den Dom, Sant'Anastasia und San Fermo Maggiore Mo–Sa durchgehend und So/Fei nachmittags offen.

Tour-Start:

**Arena di Verona A an der *Piazza Brà

Noch größer als das Amphitheater an der ***Piazza Brà** sind nur noch das Colosseum in Rom und das Amphitheater von Capua in Kampanien. Die Arena in Verona wurde um 50 n. Chr. errichtet, ursprünglich war sie 152 m lang und 123 m breit. Ausgerichtet war sie damals für 30 000 Zuschauer. Heute weist sie nach diversen Erdbeben immer noch eine Länge von 138 m und eine Breite von 109 m auf und bietet über 20 000 Menschen Platz. Seit 1913 werden hier die Opernfestspiele veranstaltet, die zu den kulturellen Highlights Italiens gehören › **S. 128**.

Gegenüber der Arena markieren zwei venezianische Torbögen aus dem 15. Jh., die **Portoni della Brà,** den Beginn des breiten Corso Porta Nuova. In dem langgestreckten, mit großen Rundbogenarkaden versehenen Barockpalast **Palazzo della Gran Guardia** (frühes 17. Jh.) war einst die venezianische Hauptwache untergebracht. Wenige Schritte weiter wurde im 19. Jh. das säulengeschmückte klassizistische **Municipio** (Rathaus) für die Hauptwache der österreichischen Truppen errichtet. Von hier geht es entlang der **Via Mazzini**, der belebtesten Einkaufsstraße, hinauf zur Piazza delle Erbe.

Shopping

Die Geschäfte der **Via Mazzini** bieten für jeden etwas. Besonders bekannt sind die zahlreichen Mode-Boutiquen.

**Piazza delle Erbe B

Einst römisches Forum, heute Ort des pittoresken Obstmarktes, ist der Platz von historischen Bauten umrahmt. Die gotische **Colonna del Mercato** wurde 1401 unter den Visconti errichtet. Mittelpunkt der Piazza ist der **Capitello,** auch *Berlina* genannt. Der Marmorbaldachin (spätes 15. Jh.) diente erst als Ort der Amtseinführung der *podestà* (Stadtvögte) und in späterer Zeit als Pranger.

Hinter der Marmorsäule mit dem geflügelten venezianischen Löwen findet sich der **Palazzo Maffei** (Mitte 17. Jh.), rechts davon liegt die **Casa dei Mazzanti,** ein im 14. Jh. von den Scaligern errichteter Prunkbau mit Resten mythologischer Fresken aus

Veronas berühmte Amphitheater und der barocke Palazzo della Gran Guardia

dem 16. Jh. Beachtung verdient der Marktbrunnen (14. Jh.): Ihn ziert die als Seele der Stadt geltende antike Madonnenfigur, die auf einem Spruchband das Veroneser Motto verkündet: »Est iusti latrix urbs et laudis amatrix« (»Die Stadt ist des Rechtes Dienerin und des Lobes Liebhaberin«). Erst-! klassig

Restaurant

Le Vecete ●

Stets volle, traditionsreiche Enoteca nahe der Piazza delle Erbe, in der zum Wein leckere Kleinigkeiten serviert werden.

- Via Pellicciai 32
- Tel. 045 59 47 48
- So geschl.

*Piazza dei Signori C

Der Arco della Costa – der Name leitet sich von der im Bogen aufgehängten Walrippe ab –, verbindet die Piazza delle Erbe mit der Piazza dei Signori.

Gleich links stehen die **Casa dei Giudici** (17. Jh., einst Wohnsitz der venezianischen Richter) und rechts

SPECIAL

Verdi-Arien in der Arena di Verona

E lucevan le stelle

Die Sterne sollen glänzen – wenn in lauer Sommernacht Verdis oder Puccinis Musik in der Arena erklingt, geraten selbst Opernmuffel ins Schwärmen. 1913 wurde hier die erste Aufführung inszeniert. Tullio Serafin dirigierte zu Verdis 100. Geburtstag die »Aida«. Seither hat Verdis Musik hier über 10 Millionen Zuhörer begeistert.

Picknick zur Partitur

Panem et circenses, Brot und Spiele, genossen schon die Römer zur Kaiserzeit vor rund 2000 Jahren in der Arena. Seither hat das große Amphitheater mit 20 000 Sitzplätzen Gerichtsverfahren erlebt, mittelalterliche Turniere und Duelle, diente als Stierkampfarena und als Theater, immer aber zum Vergnügen der Besucher. In der Rokokozeit warteten Liebesdienerinnen unter den Bogenreihen des Umgangs auf ihre Kavaliere.

Apropos *panem:* Auf den unbestuhlten Stufen der *gradinata* gehören Mortadellabrötchen, Parmaschinken und Olivenpaste zum Opernerlebnis. Auch mitgebrachte Getränke sind in Ordnung, bei Behältnissen aus Glas kennen die freundlichen Kontrolleure allerdings kein Pardon.

- **Gastronomia Stella**
  Ferrarabrot, kalter Hummer, Pecorino im Nussblatt oder Trüffelcannelloni zum Mitnehmen.
  Via Stella 11
  Tel. 04 58 00 49 98
  Mo–Sa 8–13 und 16–19.30 Uhr
- **Confetteria Dolomiti**
  Nostalgischer Laden mit Konfekt für Naschkatzen.
  Via Cappello 13

 Bild oben: Grandiose Bühne für eine Verdi-Oper

Ein lukratives Geschäft

Für die Stadt sind die Opernfestspiele in Verona ein Millionendeal. Zu den über 40 Opern- und Ballettabenden kommen jeden Sommer an die 600 000 Besucher, die Karten kosten von ca. 17 € bis 188 €. Am bequemsten – und teuersten – sitzt man in der *poltronissima* in Lehnsesseln im Parkett.

Unter kundigen Einheimischen befindet man sich in der preiswerten *gradinata*, wo schon mal während der Aufführung mitgesungen und zwischendrin gejubelt oder auch gebuht wird.

Regen ist ein Risiko

Den Beginn des Opernabends bestimmt nicht die Uhr, sondern das Orchester, meist pünktlich. Selbst wenn es schon bedrohlich nach Regen aussieht: Sobald das Orchester die ersten Takte gespielt hat, wird für die Aufführung kein Geld zurückerstattet, auch wenn gleich darauf ein kräftiger Regenguss niedergeht.

Fällt hingegen die Veranstaltung ganz aus, gibt es am nächsten Morgen Ersatzkarten oder der Eintrittspreis wird an den Kassen zurückerstattet.

Tickets sind rar, deshalb frühzeitig buchen

Karten sind knapp, wer nicht Monate im Voraus bucht, riskiert, dass die gewünschte Vorstellung ausgebucht ist. Karten sind direkt online z. B. bei www.arena-verona.de buchbar, diese Website informiert schon Monate im Voraus ausführlich über das Programm und die Stars. Kurzfristig besorgen auch Hotels der gehobenen Kategorien am Gardasee. Ebenfalls Tickets verkaufen autorisierte Verkaufsstellen und Reiseagenturen in vielen Gardasee-Orten.

Während der Spielzeit sind mit Glück Restkarten an der Opernkasse erhältlich (Via Dietro Anfiteatro 6/B, Tel. 045 800 51 51, www.arena.it, Mo–Fr 9–12, 15.15–17.45, Sa 8 bis 12, an Vorstellungstagen 10 bis 21 Uhr).

Wenn nichts mehr geht: Unter der Ala, den dunklen Seitenflügeln, bieten Verkaufswillige diskret und gegen gutes Geld Restkarten an.

Hörerloge auf der Piazza Brà

Die *Liston* genannte Flaniermeile auf der Piazza Brà ist Veronas schönster Salon. Hier nimmt man vor dem ersten Akt einen Drink und kann bis in die frühen Morgenstunden soupieren. Insider nutzen die Tische an der Piazza, um ganz ohne Eintrittsgeld den Opernklängen zu lauschen. Treff auf der Piazza Brà:

- **Tre Corone**
  Piazza Brà 16
  Tel. 045 800 24 62
  www.trecorone.de
- Aussichten, einmal den Stars zu begegnen, hat man in der winzigen Edeltrattoria **Tre Marchetti ●●●**, gleich hinter der Ala. Unbedingt einen Tisch vorbestellen!
  Vicolo Tre Marchetti 19/B
  Tel. 045 803 04 63
  www.tremarchetti.it

Eines von zwei Weihwasserbecken in Sant'Anastasia, die von buckligen Zwergen (»gobbi«) gestützt werden

der **Palazzo della Ragione** (Rathaus) aus dem 12. Jh. mit der **Torre Lamberti**; Erst-! klassig der Turm bietet einen wunderbaren Blick über die Stadt (Mo–Do 9.30–20.30, Fr–So 8.30–22 Uhr).

Im Renaissancebau des **Palazzo del Tribunale,** auch *Palazzo del Capitano,* 1530 nach dem Umbau eines Scaligerturms entstanden, residierten einst die Statthalter Venedigs. Der zinnengekrönte, 1532 in seiner jetzigen Form gestaltete **Palazzo del Governo,** einst Scaliger-Residenz, ist heute Sitz der Präfektur. 1303 lebte Dante in dem Palast. Ein Denkmal auf der Platzmitte sowie das Caffè Dante, Veronas ältestes Kaffeehaus, erinnern an den großen Dichter. Am angrenzenden Piazzaletto delle ***Arche degli Scaligeri** bewachen schmiedeeiserne Gitter die gotischen Scaligergräber, von denen sich einige an die Fassade der romanischen Kirche Santa Maria Antica (12. Jh.) schmiegen. Nur einen Steinwurf entfernt verbirgt sich in der schräg gegenüber liegenden Via Arche Scaligere auf Nr. 2–4 das **Geburtshaus von Romeo** (12. Jh.).

*Basilica Sant'Anastasia D

Am Ende der Via Sant'Anastasia birgt die im 15. Jh. fertig gestellte Dominikanerkirche rechts vom Hauptchor Antonio Pisanellos berühmtes »Georgs-Fresko« aus dem 15. Jh. Einen Blick sollte man auch den beiden von buckligen Zwergen *(i due gobbi)* getragenen Weihwasserbecken gönnen sowie der Kapelle links vom Chor: Die Fresken (16. Jh.) zeigen Jesus predigend – nicht am See Genezareth, sondern am Gardasee.

*Casa di Giulietta E

Zurück an der Piazza delle Erbe › **S. 127**, muss man nur dem Touristenstrom in die Via Cappello folgen, um alsbald unter dem berühmtesten Balkon der Welt zu stehen: Im **Palazzo Capuleti** (Nr. 23) soll Shakespeares Julia gewohnt haben. Vorbei an der kurzen Einfahrt mit tausenden Liebesschwüren an den Wänden, gelangt man in den Hof mit ihrer Statue (Di–So 8.30 bis 19.20, Mo 13.30–19.30 Uhr).

*San Fermo Maggiore F

Weiter die Via Cappello hinauf, kommt man an den Resten des römischen Stadttores Porta Leoni vorbei zur Kirche, die Benediktinermönche an der Stelle errichteten, wo Veronas Märtyrer Fermo und Rustico 361 n. Chr. den Tod fanden. Die Unterkirche (11. Jh.) ist das älteste romanische Gotteshaus Veronas.

Tour 14 An der Etsch

Tour-Übersicht:

Verlauf: ****San Zeno Maggiore › *Castelvecchio › *Porta Borsari › *Dom › *Ponte Pietra › *San Giorgio Maggiore › Teatro Romano › *Giardini Giustiani › *Tomba di Giulietta**

Dauer: ca. 2 Std reine Gehzeit.

Praktische Hinweise:

- Diese Tour ist von den Laufentfernungen etwas anspruchsvoller.

Tour-Start: **San Zeno Maggiore G

Etwas abseits des prächtigen Altstadtkerns thront die grandiose Basilika, die als schönster romanischer Sakralbau in ganz Oberitalien gilt. Nach der Zerstörung der Vorgängerkirche aus dem 9. Jh. wurde die neue, vergrößerte Basilika 1138 vollendet und Veronas erstem Bischof und Patron, dem hl. Zeno, geweiht. Die farbige Holzstatue des heiter lächelnden Heiligen (14. Jh.) wird von den Veronesern als Symbol ihrer Stadt besonders verehrt. Neben den kostbaren Fresken (12. bis 14. Jh.) im Innenraum verdient das Altar-Triptychon »Madonna und Heilige« (15. Jh.) von Andrea Mantegna Beachtung. Die Fassade ist ein eigenes Studium wert. Neben dem großartigen ****Bronzetor** mit den 48 Reliefplatten faszinieren die ****Steinreliefs** des Meisters Nicolò (12. Jh.) zu beiden Seiten des stattlichen Portals. Auf der rechten Seite ist der Höllenritt des Gotenkönigs Theoderich dargestellt (als Arianer war er in den Augen der katholischen Kirche ein Ketzer).

Vorbei an der Fassade der rechts von San Zeno liegenden romanischen Kirche **San Procolo** kommt man zur Piazza Corrubbio, von der aus die Via Barbarani direkt zur Etsch führt.

*Castelvecchio H

Unmittelbar am Fluss errichtete der verhasste Cangrande II. della Scala in der Mitte des 14. Jhs. das Castelvecchio zum Schutz vor Volksaufständen. Das größte Bauwerk der Scaligerzeit beherbergt heute das **Museo di Castelvecchio,** Veronas bedeutendstes Kunstmuseum, das u. a. Meister der Veroneser und der Venezianischen Malerschule vom 13. bis 18. Jh. präsentiert (darunter Gemälde von Pisanello, Veronese, Mantegna und Tintoretto). Ein Vorzeigestück der Veroneser Steinmetzkunst ist die **Reiterstatue des Cangrande** (www.comune.verona.it Di–So 8.30–19.30, Mo 13.30 bis 19.30 Uhr). Durch das Castello gelangt man auch auf die ***Ponte Scali-**

Touren in Verona

Tour 13

Spaziergang im Zentrum

- A Arena
- B Piazza delle Erbe
- C Piazza dei Signori
- D Basilica di Sant'Anastasia
- E Casa di Giulietta
- F San Fermo Maggiore

Tour 14

An der Etsch

- G San Zeno Maggiore
- H Castelvecchio
- I Porta Borsari
- J Dom
- K Ponte Pietra
- L San Giorgio Maggiore
- M Teatro Romano
- N Giardini Giustiani
- O Tomba di Giulietta

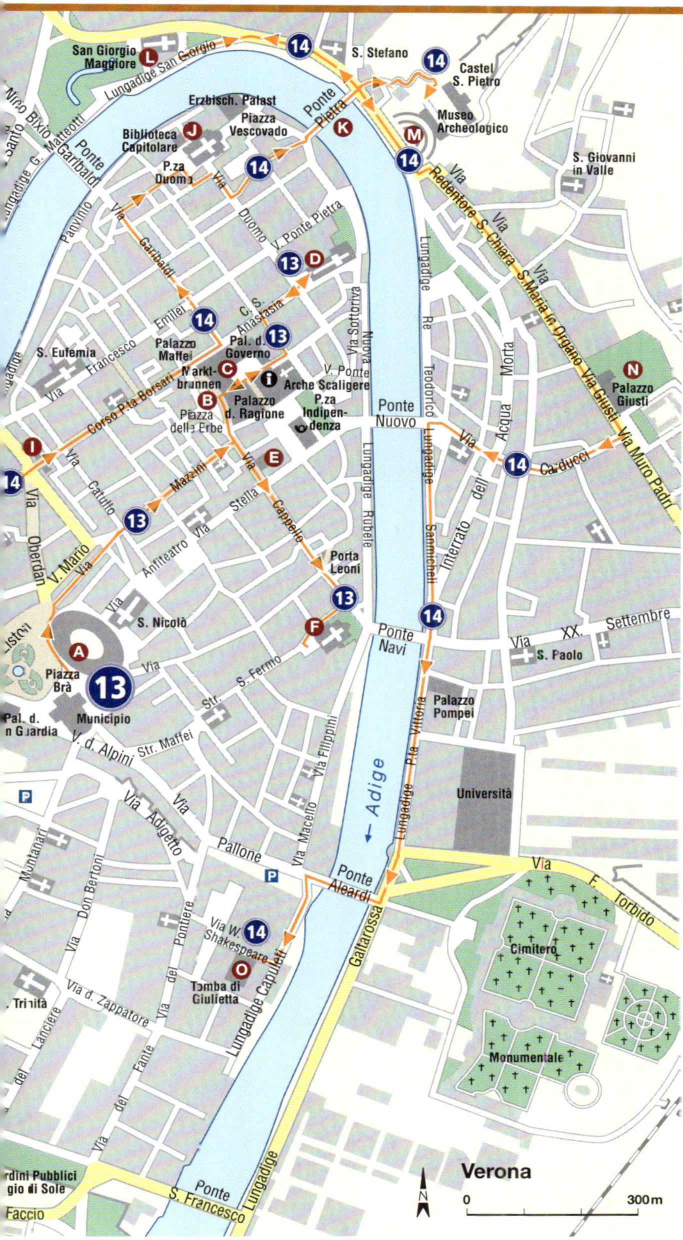
Verona
0
300 m
N
San Giorgio Maggiore
Lungadige San Giorgio
S. Stefano
Castel S. Pietro
Museo Archeologico
Erzbisch. Palast
Piazza Vescovado
Ponte Pietra
Biblioteca Capitolare
P.za Duomo
Ponte Garibaldi
S. Giovanni in Valle
Via Redentore
Via S. Chiara
Via S. Maria in Organo
Via Giusti
Via Muro Padri
Palazzo Giusti
Via Duomo
V. Ponte Pietra
Via Garibaldi
C. S. Anastasia
Via Emilei
Palazzo Maffei
Pal. d. Governo
Marktbrunnen
Arche Scaligere
V. Ponte
P.za Indipendenza
Palazzo d. Ragione
Piazza delle Erbe
S. Eufemia
Via Francesco
Corso P.ta Borsari
Via Sottoriva
Lungadige Re Teodorico
Via Nuova
Ponte Nuovo
Lungadige Rubele
Lungadige Sanmicheli
Via Acqua Morta
Via Interrato dell'
Via Carducci
Via Catullo
Via Mazzini
Via Stella
Via Cappello
Via Oberdan
V. Mario
Via Anfiteatro
Porta Leoni
S. Nicolò
Ponte Navi
Via XX. Settembre
S. Paolo
Piazza Brà
Municipio
Via S. Fermo
Str. Maffei
V. d. Alpini
Pal. d. Gran Guardia
Via Filippini
Via Macello
Palazzo Pompei
Lungadige P.ta Vittoria
Adige
Università
Via Adigetto
Via Pallone
Via Montanari
Via Don Bertoni
Via Pontiere
Via W. Shakespeare
Tomba di Giulietta
Lungadige Capuleti
Ponte Aleardi
Lungadige Galtarossa
Via F. Torbido
Cimitero Monumentale
Via d. Zappatore
Via del Fante
Via del Lanciere
Ponte S. Francesco
Lungadige
Giardini Pubblici Raggio di Sole
Faccio
A B C D E F I J K L M N O
13
14

Castelvecchio, Veronas größter Profanbau aus der Scaligerzeit

gero, von Cangrande II. als Fluchtweg ans andere Ufer erbaut. Direkt neben der Burg wurde ein römischer Ehrenbogen, der **Arco dei Gavi,** aus dem 1. Jh. mit Orginalteilen rekonstruiert. Vorbei an den Palästen des Veroneser Adels aus dem 16. bis 18. Jh. führt der Corso Cavour zur Porta Borsari.

*Porta Borsari I

Nur noch die Frontwand des um 100 n. Chr. errichteten römischen Stadttores hat sich erhalten. Zwei Bögen ließen die Besucher der antiken Stadt ein- und hinaustreten. Der Name »Borsari« leitet sich übrigens von den Wechslern ab, die hier im Mittelalter das Geld fremder Besucher in die heimische Währung tauschten.

Shopping

Die elegantesten Geschäfte Veronas säumen den **Corso Porta Borsari,** der vom großen Touristenstrom weitgehend verschont wird.

*Dom J

Auf den Fundamenten einer frühchristlichen Kirche (5. Jh.) ruht der Dom Santa Maria Matricolare. Das ursprünglich romanische Gotteshaus wurde im 15. Jh. im gotischen Stil umgebaut. Am reich geschmückten Portal halten linker Hand Roland, rechts Olivier, die Paladine Karls des Großen, Wache. Im Inneren besticht *Tizians »Himmelfahrt Mariens« durch die geniale Farbkomposition (1. Seitenaltar links). Auf dieser Seite versteckt sich unter der Orgel eine unscheinbare Holztür, die den Weg zur Taufkapelle San Giovanni in Fonte (12. Jh.) freigibt. Meisterhafte Reliefs am Taufbecken erzählen aus dem Leben Jesu.

Erst klas

Links neben dem Dom führt der Weg zu der winzigen Kirche **Sant'**

Elena (12. Jh.) sowie zum Kreuzgang des Domes.

Eine weitere Kostbarkeit ersten Ranges an der Piazza del Duomo ist die ***Biblioteca Capitolare.** In der angeblich ältesten noch erhaltenen Bibliothek der Welt sind Handschriften aus dem 4. und 5. Jh. zu bewundern (Di–Sa 9.30–12.30, Di, Do auch 16–18 Uhr, Juli geschl.).

*Ponte Pietra K

Der Etsch-Übergang, der als Steinbrücke bereits im Altertum existierte, wurde erstmals im Mittelalter und dann nochmals nach dem Zweiten Weltkrieg in der einstigen Form rekonstruiert.

Von der Brücke bietet sich ein bezaubernder Ausblick auf das linke Etsch-Ufer und die pittoreske Kulisse des Colle di San Pietro.

*San Giorgio Maggiore L

Flussabwärts gehört **Santo Stefano** zu den ältesten Kirchenbauten Veronas (Gründung 5.–6. Jh., Umbauten im 12. Jh.). Ein Stück flussaufwärts steht nahe der Stadtmauer San Giorgio Maggiore. Das im 15. und 16. Jh. errichtete Gotteshaus mit einer Kuppel von Sanmicheli ist die sicher schönste Renaissancekirche von Verona. Glanzstücke des mächtigen, einschiffigen Innenraums sind die »Taufe Christi« von Jacopo Tintoretto über dem Portal und das Altarbild »Die Marter des hl. Georg« von Paolo Veronese, das durch seine Lichtführung besticht.

Teatro Romano M

Nahe der Ponte Pietra liegen inmitten eines gepflegten Parks die Ruinen des Teatro Romano. Um

SEITENBLICK

Stadtgeschichte

Die geschützte Lage in einer Schleife der Etsch zog schon früh erste keltische Siedler an. Nach der Eroberung durch die Römer im 1. Jh. v. Chr. begann das »Goldene Zeitalter« Veronas. An der Kreuzung zweier Fernstraßen blühten Handel und Kultur. Doch auch nach dem Ende des Imperium Romanum 476 blieb die Stadt ein bedeutendes Zentrum. So residierte hier der Ostgotenkönig Theoderich, der als Dietrich von Bern (= Verona) in die Heldensage einging.

Auf die Byzantiner folgten die Langobarden, am Ende des 8. Jhs. die Karolinger. 1277 gingen die Della Scala siegreich aus dem Kampf der Patrizierfamilien hervor. Die fast 100-jährige Herrschaft der Familie war geprägt von Tyrannei und blutigen Fehden innerhalb der Sippschaft, sodass die Stadt aufatmete, als 1387 der Mailänder Herzog Bernabò Visconti für ein kurzes Intermezzo die Macht übernahm.

Zermürbt von den ewigen Kämpfen mit fremden Herren, unterstellte sich Verona 1405 schließlich der Republik Venedig, die der Stadt eine lange Friedenszeit bescherte – bis 1796 Napoleon Venedig besiegte. Nach dessen Sturz fiel Verona 1814 an die Österreicher.

1866 schließlich wurde Verona endgültig Teil des neuerstandenen Königreichs Italien.

10 n. Chr. entstanden, wurde das römische Theater im Mittelalter als Steinbruch missbraucht und erst im 19. Jh. systematisch freigelegt. Heute dient die teilweise überbaute antike Ruine als Schauplatz sommerlicher Shakespeare-Aufführungen. Ein Aufzug führt vom Theater zu dem direkt darüber liegenden **Archäologischen Museum** in dem einstigen Kloster San Girolamo, das einen prachtvollen ***Blick über die Stadt an der Etsch** erlaubt. Die wunderbaren Mosaike des Museums wirken nicht minder anziehend (Di–So 8.30–19.30, Mo 13.30 bis 19.30 Uhr).

*Giardini Giustiani N

Der Palast aus dem 16. Jh. könnte nicht prachtvoller platziert sein. Der Adelssitz der Florentiner Familie Giusti erstreckt sich auf einem terrassenförmig angelegten Park im Grüngürtel hoch über den Dächern der Stadt und gibt einen atemberaubenden Panoramablick frei (im Sommer tgl. 9–20 Uhr, im Winter 9 Uhr bis Sonnenuntergang).

*Tomba di Giulietta O

In der Via del Pontiere führt eine kleine Allee mit hohen griechischen Säulen zu dem angeblichen **Grab der Julia** im ehemaligen Franziskanerkloster **San Francesco al Corso**. Hier sollen Romeo und Julia heimlich getraut worden sein. In der stimmungsvollen Krypta wird ein leerer (!) Steinsarkophag als Grab der Julia ausgegeben, das Liebende aus aller Welt mit Bittschriften versehen. Das hier untergebrachte kleine **Museo degli Affreschi** zeigt eine Freskensammlung, Altarbilder und römische Amphoren (Via del Pontiere 9, Di–So 8.30–19.30, Mo 13.30 bis 19.30 Uhr).

Info

IAT

- Via degli Alpini 9 (Piazza Brà)
- Tel. 045 806 86 80
- www.tourism.verona.it

Mit der im IAT-Büro erhältlichen VeronaCard (2 Tage/15 €, 5 Tage/20 €) kann man die öffentlichen Verkehrsmittel der Stadt gratis nutzen und hat kostenlosen oder ermäßigten Eintritt zu vielen Sehenswürdigkeiten.

Verkehr

Flughafen: Der internationale Flughafen Valerio Catullo (www.aeroportoverona.it) liegt 12 km südwestlich bei Villafranca di Verona. Shuttlebus-Verbindungen bestehen alle 30 Min. zum/vom Bahnhof Porta Nuova.

Bahnhof: Vom Bahnhof Porta Nuova (etwas außerhalb) bestehen Busverbindungen in die Innenstadt.

Buslinien: Die Busse an den Gardasee und in die Umgebung fahren von der Porta Nuova (Bahnhof) ab.

Parkmöglichkeiten: Am ehesten fündig wird man an der Kirche San Zeno Maggiore › **S. 131**, am anderen Etsch-Ufer oder beim Messegelände (Busse ins Zentrum). Arena-Besucher sollten es im Parkhaus Arena, sonst auf der Piazza Cittadella, nahe der Piazza Brà (Hinweisschilder), versuchen.

Erst klas

Hotels

Due Torri Hotel Baglioni ●●●

5-Sterne-Luxus in einem mit Antiquitäten ausgestatteten Palazzo (14. Jh.).

- Piazza S. Anastasia 4
- Tel. 045 59 50 44
- www.baglionihotels.com

Hotel Aurora ●●–●●●

Renoviertes, freundliches Hotel im historischen Zentrum mit schöner Dachterrasse.

- Piazza Erbe
- Tel. 045 59 47 17
- www.hotelaurora.biz

Jugendherberge

Villa Francescatti

Preiswertes, recht romantisches Quartier in einer Villa aus dem 16. Jh.

- Salita Fontana del Ferro 15
- Tel. 045 59 03 60

Restaurants

Le Arche ●●●

Das Top-Restaurant setzt auf ausgefallene Fischspezialitäten wie Ravioli mit Stockfisch in Meeresspinnen-Pinienkern-Sauce.

- Via Arche Scaligere 6
- Tel. 045 800 74 15
- www.ristorantearche.com
- So, Mo mittags sowie im Januar geschl.

Il Desco ●●●

Zwei Michelin-Sterne für die kreative venetische Küche, serviert in einem historischen Palazzo.

- Via Dietro San Sebastiano 7
- Tel. 045 59 53 58
- www.ildesco.com
- So, Fei, Mo mittags geschl.

La Bottega del Vino ●●–●●●

Schönster Weinkeller Veronas mit rund 1000 Flaschen im Angebot; *cicheti* (Imbisse) und Restaurant.

- Via Scudo di Francia 3
- Tel. 045 800 45 35
- Di geschl.

Maffei ●●

Scampi mit Spargelcreme sind die Spezialität, typische Küche des Veneto.

- Piazza del Erbe 38
- Tel. 045 801 00 15
- So geschl.

Shopping

Wochenmärkte vor der Kirche San Zeno (Di, Fr) und am Stadio Comunale (Sa).

Mercato 3A (Kunsthandwerk, Antiquarisches) auf der Piazza San Zeno (3. Sa im Monat).

Hoch über der Stadt im Giardini Giustiani

Infos von A–Z

Ärztliche Versorgung

Für Bürger der Europäischen Union ist die ambulante Behandlung in öffentlichen Krankenhäusern bei Vorlage der EHIC-Karte kostenlos. In Arztpraxen wird meist auf Barzahlung bestanden. Für die Erstattung durch die Krankenkasse benötigt man eine quittierte Rechnung. Eine private Auslandskrankenversicherung empfiehlt sich.

In allen größeren Gemeinden rund um den Gardasee stehen während der Urlaubssaison ärztliche Notdienste für Touristen bereit. In den meisten Apotheken *(farmacie)* versteht man auch Deutsch.

Diplomatische Vertretungen

- **Deutschland:** Via Solferino 40, 20121 Milano, Tel. 02 623 11 01 www.mailand.diplo.de
- **Österreich:** Piazza del Liberty, 20121 Milano, Tel. 02 78 37 43 mailand-gk@bmaa.gv.at
- **Schweiz:** Via Palestro 2, 20121 Milano, Tel. 02 777 91 61 mil.vertretung@eda.admin.ch

Einreisebestimmungen

EU-Bürger und Schweizer benötigen einen gültigen Reisepass oder Personalausweis, Autofahrer den nationalen Führerschein.

Für Hunde und Katzen muss der EU-Haustierpass *(pet pass)* mitgeführt werden. In diesem Pass, den jede Tierarztpraxis ausstellt, wird auch die gültige Tollwutimpfung bestätigt. Für Hunde sind Leine *(guinzaglio)* und Maulkorb *(museruola)* mitzuführen.

Quartiere, in denen Haustiere willkommen sind, sind durch ein eigenes Symbol in Hotelverzeichnissen gekennzeichnet.

Elektrizität

Die elektrische Spannung beträgt durchweg 220 Volt. Sollte ein Stecker für Rasierer oder Fön nicht passen, so erhält man in fast jedem Elektrogeschäft (und meist auch an der Hotelrezeption) einen entsprechenden Adapter *(spina di adattamento)*.

Feiertage

Italiens gesetzliche Feiertage sind:
1. Jan. (Neujahr)
6. Jan. (Dreikönig)
Ostermontag
25. April (Tag der Befreiung)
1. Mai (Tag der Arbeit)
2. Juni (Jahrestag der Republik)
15. Aug. (Mariä Himmelfahrt, »Ferragosto«)
1. Nov. (Allerheiligen)
8. Dez. (Mariä Empfängnis)
25./26. Dez. (Weihnachten)

FKK

»Ganz ohne«-Fans müssen sich andere Reviere suchen; am Gardasee dürfen sie nicht alle Hüllen fallen lassen.

Geld und Währung

Italien gehört der Eurozone an. An den zahlreichen Bankomaten erhält man mit EC-Karte und PIN-Nummer Bargeld. Kreditkarten (American Express, Visa, Mastercard) werden in den meisten Hotels, Restaurants und Geschäften akzeptiert.

Informationen

bei den Staatlichen Italienischen Fremdenverkehrsämter (ENIT):

- **Für Deutschland:** Barckhausstr. 10, 60325 Frankfurt/M. Tel. +49 (0)69/23 74 34 www.enit.it, www.enit-italia.de

- **Für Österreich:** Mariahilferstr. 1b, 1060 Wien Tel. +43 (0)1/505 16 30 12 www.enit.at
- **Für die Schweiz:** Anfragen über das ENIT-Büro in Frankfurt
- Broschüren können jeweils auf den angegebenen Webseiten angefordert oder heruntergeladen werden.
- **In Italien:** Bei den örtlichen **APT** (Azienda di Promozione Turistica = Fremdenverkehrsamt) oder den **IAT** (Ufficio Informazioni e Accoglienza Turistica = Informationsbüro).

Märkte

Die Kleider- und Lebensmittelmärkte, die zahlreiche Touristen anlocken, machen in den Orten des Gardasees an folgenden Wochentagen Station (siehe auch www.visitgarda.com):

- **Mo:** Peschiera del Garda, Torri del Benaco, Moniga del Garda
- **Di:** Desenzano del Garda, Castelletto di Brenzone, Rovereto, Limone sul Garda (1. und 3. Di im Monat von April–Okt.), Torbole (2. und 4. Di, nur im Sommer)
- **Mi:** Lazise, Gargnano (nur jede 2. Woche), Riva del Garda (nur am 2., ab Juni auch am 4. Mi des Monats), Arco (nur am 1., ab Mai auch 3. Mi des Monats)
- **Do:** Trento, Bardolino, Bussolengo, Lonato, Toscolano-Maderno
- **Fr:** Garda, Sirmione, Gardone, Manerba del Garda
- **Sa:** Malcesine, Salò, Brescia (Piazza della Loggia), Verona (Stadio Comunale), Valeggio sul Mincio

Notruf

- **Allg. Notruf:** 112, **Polizei:** 113
- **Feuerwehr (Vigili del fuoco):** 115
- **Notarzt und Rettugswagen:** 118
- **Pannendienst des ACI:** 116
- **Seerettung:** 1530

Öffnungszeiten

Die landesübliche Mittagspause liegt zwischen 13 und 15 bzw. 16 Uhr.

- **Banken:** meist Mo–Fr 8.30–13, 14 bis 17 Uhr
- **Geschäfte:** Mo–Sa 9–12.30, 15/16–19.30 Uhr. Die Ladenschlusszeiten, v.a. in der Hochsaison, werden gerne flexibel gehandhabt. Sa ist ein normaler Werktag, dafür sind manche Geschäfte Mo vormittags oder Mi nachmittags geschlossen.
- **Kirchen:** in der Regel vormittags bis 12 Uhr und 15/16 oder 17 bis 19 Uhr
- **Museen:** Die meisten sind montags geschlossen.
- **Postämter:** Mo–Fr 8.30–12.30, 15–18; Sa 8.30–13 Uhr bei kleineren Postämtern, in größeren Filialen durchgängige Öffnungszeiten.
- **Tankstellen:** An Tankstellen (in der Regel Mo–Sa 8–12.30, 15/16 bis 19/20 Uhr, Sonn- und Feiertagsdienst im Turnus) gibt es keinen Mangel. Gerade kleinere Tankstellen schließen durchaus auch über Mittag.

Urlaubskasse	
Tasse Kaffee (an der Bar)	1,50 €/ Terrasse 4 €
Softdrink (an der Bar)	2,50 €/ Terrasse 4,50 €
Glas Bier (an der Bar)	3 €/ Terrasse 6 €
Pizza	7 €
Kugel Eis	1,50 €
Taxifahrt (etwa 8–10 km)	15 €
Mietwagen/Tag	ab 40 €
1 l Superbenzin	1,90–2 €

Meist steht dann aber ein Tankautomat zur Verfügung, der Geldscheine oder Kreditkarten annimmt.

Radio
In den Urlaubszentren gibt es auch deutschsprachige Sender. »Radio Garda« strahlt auf 91 MHz viel Musik aus. Der deutschsprachige Sender Bozen (97,3 bis 99,9 MHz) ist am Südufer des Sees nicht mehr gut zu empfangen.

Rechnungen
Rechnungen von Restaurants und Geschäften sowie Quittungen über Dienstleistungen *(ricevuta fiscale)* sollte man aufbewahren; Stichproben durch die Finanzpolizei kommen vor.

Sicherheit
In der Hochsaison verlegen Diebesbanden ihre Jagdreviere mit Vorliebe in Touristenzentren. Deshalb: Keine Wertsachen im Auto liegen lassen! Schmuck, Geld, Pässe und Dokumente deponiert man besser im Hotelsafe; vollgepackte Autos, vor allem auf Rast- und Parkplätzen, nicht aus den Augen lassen.

Souvenirs
Für Mitbringsel bietet sich eine reiche Auswahl an kulinarischen Spezialitäten auf Wochenmärkten oder in Feinkostläden: Von Olivenöl über Käse, Steinpilze, Würste bis zu Weinen und vielen Grappa-Sorten reichen die Verführungen.

Kunstsammler können in Antiquitätenläden stöbern oder auf den Trödelmärkten rund um den See (Infos in den Fremdenverkehrsbüros und www.visitgarda.com, www.italyrelax.info) auf Suche gehen. Keramik finden Sie in Riva, Garda, Bardolino und Sirmione.

Taxi
Die meisten Taxis haben keine Gebührenzähler, sodass man sich über den Fahrpreis besser im Voraus einigen sollte. Grundsätzlich ist Taxifahren relativ kostspielig. Für Ausflüge empfehlen sich Gruppenfahrten mit Kleinbussen; sie werden von zahlreichen lokalen Reisebüros organisiert.

Telefonieren
Öffentliche Fernsprecher funktionieren mit Telefonkarten *(scheda telefonica)*, erhältlich in Telefon- und Tabakläden sowie manchen Bars. Auch bei inneritalienischen Ortsgesprächen muss man die Ortsnetzkennzahl (mit der 0) wählen, sie ist Bestandteil der Rufnummer!

Die Roamingpartner der deutschen Mobilfunkanbieter in Italien sind TIM, Omnitel und Wind. Klären Sie bei Ihrem Anbieter vorab, welche Partner welche Tarife verlangen. Informationen unter www.teltarif.de. Italienische **Mobilnummern** beginnen mit einer 3, ohne eine 0 am Anfang.

- **Telefonauskunft national:** 12; **international:** 176
- Landesvorwahlen (international): **Italien:** 00 39, **Deutschland:** 00 49, **Österreich:** 00 43, **Schweiz:** 00 41

Trinkgeld
Der obligatorische Gedeckpreis *(pane e coperto)* in Lokalen deckt in der Regel auch den Service mit ab. War er gut, lässt man ein paar Münzen auf dem Tisch liegen, ca. 5–10 %. Für persönliche Dienstleistungen im Hotel, beim Friseur usw. wird ein Trinkgeld erwartet.

Zoll
Für EU-Bürger sind Mitbringsel zollfrei; bei Waren für den persönlichen Gebrauch gilt: 800 Zigaretten, 10 l Spirituosen, 90 l Wein p.P. ab 15 bzw. 17 Jahren. Schweizer dürfen zollfrei mitnehmen: 200 Zigaretten, 1 l Spirituosen, 2 l Wein, Souvenirs bis zu einem Gesamtwert von 300 CHF.

Register

Bildnachweis

Coverfoto Malcesine © laif/Tobias Gerber
Fotos Umschlagrückseite © Fotolia/Norbert Suessenguth (links); Pixelio/BirgitH (Mitte); Fotolia/Phototom (rechts)

Alamy/Brenda Kean: 84; Alamy/Mike Kipling Photography: 45; APA Publications/George Taylor: 33, 48, 59, 67, 82, 102, 128, 130, 134, U2-1; Udo Bernhart: 115; Fotolia/alexm156: 13; Fotolia/autofocus67: 40; Fotolia/m. bonotto: 100; Fotolia/Cammy: 21; Fotolia/koko10: 28; Fotolia: Giovanni Morgia: 35; Fotolia: David Paris: 93; Fotolia/Niklas Ramberg: 71; Fotolia/Skowron: 77; Fotolia/Norbert Suessenguth: 9; Fotolia/vitalizum: 125; Herbert Hartmann: 54, 56; Huber Images/Bernhart: 6, 37; Huber Images/Gräfenhain: 70; Huber Images/Hans-Peter Huber: 5; Huber Images/Lubenow: 85; Huber Images/Massimo Ripani: 107, 109: Huber Images/Fantuz Olimpio: 16; Huber Images/M. Pinn: 42; Huber Images/G. Simeone: 79; Huber Images/Wörsdörfer: U2-3; Gerold Jung: 123; laif/Bungert: 73; laif/Galli: 69, 96, U2-2, U2-4; laif/Tobias Gerber: 15; laif/Heuer: 19, 38; laif/Piero Ollosi: 98; laif/Reporters: 120; LOOK-foto/Wilfried Feder: 1; LOOK-foto/Ingolf Pompe: 86, LOOK-foto/Heinz Wohner: 90; LOOK-foto/Konrad Wothe: 61; Wolf Meusel: 81; mauritius images/P. Widmann: 64; Pixelio/Matthias Brinker: 63; shutterstock/Roberto Cerruti: 31; shutterstock/Stefano Ember: 127; shutterstock/Yevgenia Gorbulsky: 87; shutterstock/Steve Heap: 25; shutterstock/Stefano Heusch: 137; shutterstock/Liane M: 89; shutterstock/Moreno Novello: 112, 116; shutterstock/travelpeter: 75; Thomas Stankiewicz: 26; Martin Waller: 51.

Liebe Leserin, lieber Leser,
wir freuen uns, dass Sie sich für diesen POLYGLOTT on tour entschieden haben. Unsere Autorinnen und Autoren sind für Sie unterwegs und recherchieren sehr gründlich, damit Sie mit aktuellen und zuverlässigen Informationen auf Reisen gehen können. Dennoch lassen sich Fehler nie ganz ausschließen. Wir bitten Sie um Verständnis, dass der Verlag dafür keine Haftung übernehmen kann.

Ihre Meinung ist uns wichtig. Bitte schreiben Sie uns:
TRAVEL HOUSE MEDIA GmbH, Redaktion POLYGLOTT, Grillparzerstraße 12,
81675 München, redaktion@polyglott.de
www.polyglott.de

Dieses Buch wurde auf chlorfrei gebleichtem Papier gedruckt.
ISBN 978-3-8464-9799-9

Verlagsleitung: Michaela Lienemann
Redaktionsleitung: Grit Müller
Autoren: Eva Gründel, Heinz Tomek, Peter Peter, Gunther Lettau, Heide Ilka Weber
Redaktion: Britta Dieterle
Bildredaktion: Barbara Schmid
Layoutkonzept/Titeldesign: Gramisci Editorialdesign, München, und Ute Weber, Geretsried
Karten und Pläne: Gecko-Publishing GmbH, Bad Endorf
Satz: Ute Weber, Geretsried
Druck und Bindung: Firmengruppe APPL, aprinta druck, Wemding

PEFC
PEFC/04-32-0928

TRAVEL HOUSE MEDIA

Ein Unternehmen der
GANSKE VERLAGSGRUPPE

Langenscheidt Mini-Dolmetscher Italienisch

Allgemeines

Guten Tag.	Buongiorno. [buon**dschor**no]
Hallo!	Ciao! [**tscha**o]
Wie geht's?	Come sta? [**ko**me sta]
Danke, gut.	Bene, grazie. [**bä**ne **gra**zje]
Ich heiße ...	Mi chiamo ... [mi kj**a**mo]
Auf Wiedersehen.	Arrivederci. [arriwe**der**tschi]
Morgen	mattina [mat**ti**na]
Nachmittag	pomeriggio [pome**ridsch**o]
Abend	sera [**ße**ra]
Nacht	notte [**not**te]
morgen	domani [do**ma**ni]
heute	oggi [**odsch**i]
gestern	ieri [**jä**ri]
Sprechen Sie Deutsch?	Parla tedesco? [**par**la te**des**ko]
Wie bitte?	Come, prego? [**ko**me **prä**go]
Ich verstehe nicht.	Non capisco. [non ka**pis**ko]
Sagen Sie es bitte nochmals.	Lo può ripetere, per favore. [lo pu**o** ri**pä**tere per fa**wo**re]
..., bitte.	..., per favore. [per fa**wo**re]
danke	grazie [**gra**zje]
Keine Ursache.	Prego. [**prä**go]
was / wer / welcher	che / chi / quale [ke / ki / ku**a**le]
wo / wohin	dove [**do**we]
wie / wie viel	come / quanto [**ko**me / ku**an**to]
wann / wie lange	quando / quanto tempo [ku**an**do / ku**an**to **täm**po]
warum	perché [per**ke**]
Wie heißt das?	Come si chiama? [**ko**me ßi kjama]
Wo ist ...?	Dov'è ...? [do**wä**]
Können Sie mir helfen?	Mi può aiutare? [mi pu**o** aju**ta**re]
ja	sì [ßi]
nein	no [no]
Entschuldigen Sie.	Scusi. [**sku**si]
Gibt es hier eine Touristeninformation?	C'è un ufficio di turismo qui? [**tschä** un uf**fi**tscho di tu**ris**mo kui]
Haben Sie einen Stadtplan?	Ha una pianta della città? [a **u**na pj**an**ta **del**la tschit**ta**]
Wann ist ... geöffnet?	A che ora è aperto (m.) / aperta (w.) ...? [a **ke** **o**ra ä a**pär**to / a**pär**ta]
das Museum	il museo (m.) [il mu**se**o]

Shopping

Wo gibt es ...?	Dove posso trovare ...? [**do**we **pos**so tro**wa**re]
Wie viel kostet das?	Quanto costa? [ku**an**to **kos**ta]
Wo ist eine Bank?	Dov'è una banca? [do**wä** una **bang**ka]
Ich suche einen Geldautomaten.	Dove posso trovare un bancomat? [**do**we **pos**so tro**wa**re un bangko**mat**]
Geben Sie mir 100 g Käse / zwei Kilo Pfirsiche	Mi dia un etto di formaggio / due chili di pesche. [mi **di**a un **ät**to di for**madsch**o / **du**e **ki**li di **päs**ke]
Wo kann ich telefonieren / eine Telefonkarte kaufen?	Dove posso telefonare / comprare una scheda telefonica? [**do**we **pos**so telefo**na**re / kom**pra**re una **ske**da tele**fo**nika]

Essen und Trinken

Die Speisekarte, bitte.	Il menu per favore. [il me**nu** per fa**wo**re]
Brot	pane [**pa**ne]
Kaffee	caffè / espresso [kaf**fä** / es**präs**so]
Tee	tè [tä]
mit Milch / Zucker	con latte / zucchero [kon **lat**te / **zuk**kero]
Orangensaft	succo d'arancia [**suk**ko da**ran**tscha]
Mehr Kaffee, bitte.	Un altro caffè, per favore. [un **al**tro kaf**fä** per fa**wo**re]
Suppe	minestra [mi**näs**tra]
Nudeln	pasta [**pas**ta]
Fisch / Meeresfrüchte	pesce / frutti di mare [**pe**sche / **frut**ti di **ma**re]
Fleisch	carne [**kar**ne]
Geflügel	pollame [pol**la**me]
Beilage	contorno [kon**tor**no]
vegetarische Gerichte	piatti vegetariani [pj**a**tti wedschetar**ja**ni]
Ei	uovo [uovo]
Salat	insalata [inßa**la**ta]
Dessert	dolci [**dol**tschi]
Obst	frutta [**frut**ta]
Eis	gelato [dsche**la**to]
Wein	vino [**wi**no]
Bier	birra [**bir**ra]
Wasser	acqua [akua]
Mineralwasser	acqua minerale [akua mine**ra**le]
mit / ohne Kohlensäure	gassata / naturale [gas**sa**ta / natu**ra**le]
Ich möchte bezahlen.	Il conto, per favore. [il **kon**to per fa**wo**re]